OBC
OBIC BUSINESS CONSULTANTS CO.,LTD.

日商 電子会計 実務検定試験 対策テキスト 2級

勘定奉行 i 10 対応版 **消費税10%**

公 式 テ キ ス ト

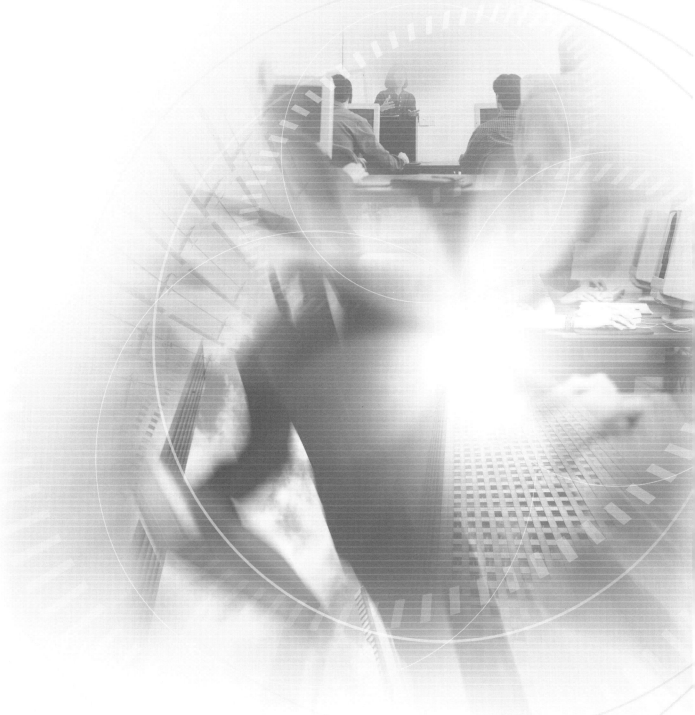

実教出版

　企業の成長は社会の発展とともにあります。上下水道・公園・学校・病院などの生活基盤施設から道路・鉄道・港湾・空港などの交通システム、電話・衛星・インターネットなどの情報通信システム、電力・ガス・石油などのエネルギー供給システムなど社会資本が企業活動の基盤となっています。企業は、この高度に発展した社会資本を利用し、社会にある人・物・金・情報などの資源を取り込んで事業を展開し、社会に新たな価値ある生産物を供給します。企業はその事業活動について利潤追求と同時に社会に順応した経済活動、社会貢献の責任も負っています。公共性公益性の高い事業にも企業活動の範囲が広がり、その影響力がますます拡大する現代、企業の社会的責任は、経営者のみならず企業に関わるすべての人に課せられています。

　1980年代以降コンピュータや情報通信技術の急速な発展による情報革命（IT革命）によって、社会は大きく変化しました。インターネットを介して様々な情報発信、情報交換がおこなわれるようになり、インターネットは日常生活の基盤をも築いています。インターネットの有効利用は企業を経営するうえでも不可欠であり、その通信機器であるパソコンは同時に情報処理の面からも不可欠な時代となりました。あらゆる経営情報はパソコンで処理され、様々な場面でこの電子情報が有効利用されています。

　企業会計においても電子化は進んでいます。外部への情報提供目的である財務会計、経営管理者への情報提供目的である管理会計、いずれも電子化・IT活用のメリットは計り知れません。電子会計に携わる人には、簿記および基幹業務ソフトに精通している人材というだけでなく、社会における企業の役割と責任を理解したうえでIT情報を正しく集計・分析・判断・報告できる能力が必要とされています。

　本書は、このようなキャリア開発プログラムの入門書であり、「勘定奉行i10」をベースに、財務会計システムを学習するテキストです。
　また、同様の趣旨で創設された日本商工会議所主催の「電子会計実務検定試験 2級」を受験するにあたり、最適な教材であると考えています。

　本書で会計実務の基礎を学んだ皆さんが、実務の現場において高い理想と探究心を持ってご活躍されることを期待申し上げます。

■基幹業務システムイメージ図

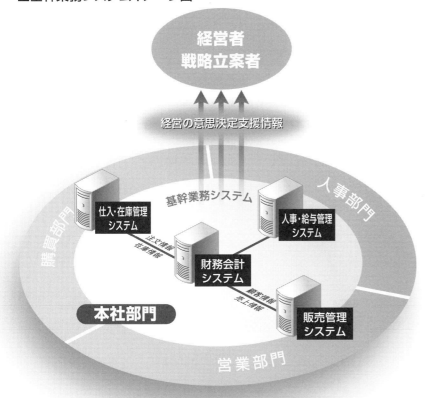

財務会計システムでは

　仕訳伝票を入力するだけで、元帳・合計残高試算表・決算報告書などの管理資料や財務諸表はもちろんのこと、経営状況を把握する為の多彩な分析資料までが、自動転記・集計され、簡単に作成できるようになっています。

給与計算システムでは

　支給・控除額を入力するだけで、総支給額や所得税などを自動計算します。給与明細書・源泉徴収簿・その他各種管理資料が自動的に作成できるだけでなく、月々処理してきたデータをもとに、年末調整や社会保険計算まで処理できます。

販売管理・在庫管理システムでは

　見積から受注・売上・請求・入金と複雑な販売業務の流れを強力にサポートします。また、仕入・在庫管理システムで発注から仕入・支払と面倒な在庫の管理をおこなうことができます。両システムとも、伝票を入力するだけで、売上に関しては、納品書・請求書の発行など、仕入に関しては支払・在庫の管理が自動的にできるだけでなく、得意先・仕入先・商品別・その他様々な角度からの管理資料が作成できます。

Contents

第3章 企業の現状分析と経営計画
Chapter 3

第4章 業務管理と関連システム
Chapter 4

第5章　製造業における業務と原価情報の活用
Chapter **5**

模擬問題
practice exam

第1章 企業のしくみと業務管理

Chapter

企業経営は、人・物・金を有機的に結合し事業活動に活用します。企業にはその規模や経営者の思想によって様々な組織形態があります。企業は権限関係やコミュニケーションライン、もしくは利益責任などを明確にするために、有効な組織の構造を設計しなければなりません。ここでは企業の仕組みと業務管理について理解しましょう。

企業のしくみと業務管理

① 企業のしくみ

企業は、競争社会の中で企業を維持発展させるために変化し続けています。協働体系としての企業、経営組織としての企業、企業のしくみについて学習しましょう。

1-1 組織形態

企業の規模が小規模の段階では単純な職能組織によって事業活動は進められます。その規模と単純な組織構造のため、経営管理は容易です。事業規模の拡大に伴い、各職能の拡大および新しい職能の追加が進められていくことにより職能制組織へと成長します。さらに企業が多角化に進むと、製品の多種多様化、事業の複数化に伴い、職能制組織から事業部制組織などへ組織の再編成が進みます。この組織編成は、規模の大きさや多角化の度合いなどによって、企業ごとに様々な形態に発展します。

〈形態〉	〈特徴〉
単純職能組織	規模が小さく、組織として果たすべき機能が少ない組織
職能制組織 （機能別組織）	規模が比較的大きくなることによって、職能部門（機能部門）ごとに垂直的にスタッフが集結した組織
事業部制組織	多角化に伴い、職能制組織を事業ごとに水平展開した組織
カンパニー制組織 （社内分社制組織）	事業部の独立性・自律性をさらに高めた組織、事業部を会社内会社に模した組織
プロダクト マネージャー制組織	事業部制に加え、事業部内に職能間の調整をおこなうプロダクトマネージャーを配置した組織
マトリクス組織	事業の独立性と全社的な効率性を同時に追及するために、事業部間を横断的に調整をおこなうプロダクトマネージャーを配置した組織形態

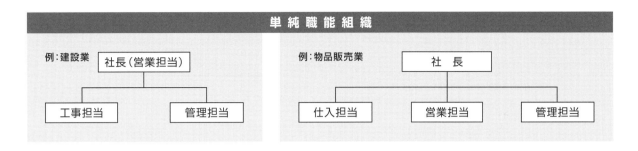

単 純 職 能 組 織

例：建設業

社長（営業担当）
- 工事担当
- 管理担当

例：物品販売業

社 長
- 仕入担当
- 営業担当
- 管理担当

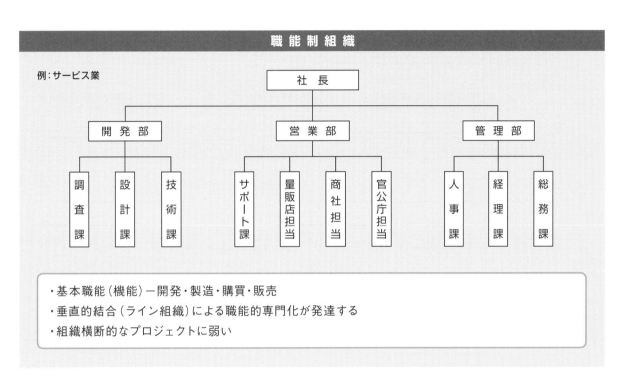

職 能 制 組 織

例：サービス業

社 長
- 開発部
  - 調査課
  - 設計課
  - 技術課
- 営業部
  - サポート課
  - 量販店担当
  - 商社担当
  - 官公庁担当
- 管理部
  - 人事課
  - 経理課
  - 総務課

- ・基本職能（機能）－開発・製造・購買・販売
- ・垂直的結合（ライン組織）による職能的専門化が発達する
- ・組織横断的なプロジェクトに弱い

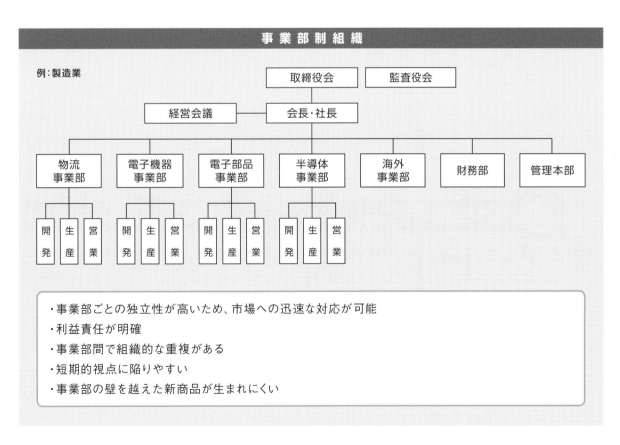

事 業 部 制 組 織

例：製造業

取締役会　　監査役会

経営会議　　会長・社長
- 物流事業部
  - 開発
  - 生産
  - 営業
- 電子機器事業部
  - 開発
  - 生産
  - 営業
- 電子部品事業部
  - 開発
  - 生産
  - 営業
- 半導体事業部
  - 開発
  - 生産
  - 営業
- 海外事業部
- 財務部
- 管理本部

- ・事業部ごとの独立性が高いため、市場への迅速な対応が可能
- ・利益責任が明確
- ・事業部間で組織的な重複がある
- ・短期的視点に陥りやすい
- ・事業部の壁を越えた新商品が生まれにくい

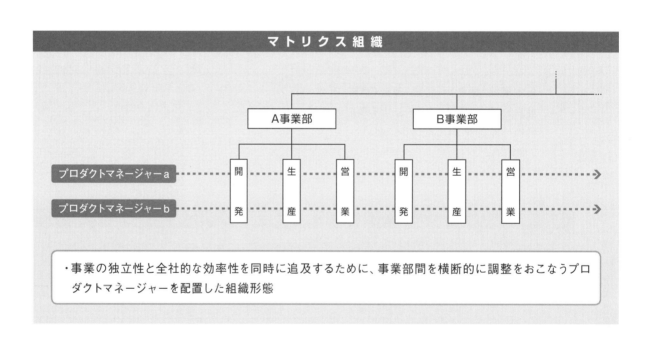

プロダクトマネージャー制組織

A事業部　　B事業部　　C事業部

開発　生産　営業　開発　生産　営業　開発　生産　営業

プロダクトマネージャーa　　プロダクトマネージャーb　　プロダクトマネージャーc

・事業部制に加え、事業部内に職能間の調整をおこなうプロダクトマネージャーを配置した組織形態

マトリクス組織

A事業部　　B事業部

プロダクトマネージャーa

プロダクトマネージャーb

開発　生産　営業　開発　生産　営業

・事業の独立性と全社的な効率性を同時に追及するために、事業部間を横断的に調整をおこなうプロダクトマネージャーを配置した組織形態

1-2　経営管理

　企業は、外部にある資源（人・物・金・情報）を活用し、内部にある技術やノウハウを使って新しい価値を生み出し、顧客に販売し利益を得ます。市場経済の中で活動している企業は、常に他社との競争にさらされており、経営の品質を磨くことは重要です。企業は事業活動全般にわたって管理をおこないます。

　協働体系として組織化がおこなわれている企業内部では、組織は横方向に部門化、縦方向に階層化がおこなわれ、ピラミッド化した重層組織となっています。権限は上位から下位に委譲され業務が執行されます。効率的に業務をおこなえるよう、合理的に階層化を図り、階層間にある結束点での滞留や対立をなくし、組織内の流れが円滑に進められるようでなければなりません。

経営管理	全社的な視点からおこなわれる企業内外に対する管理行動 ・経営組織の編成・人事制度等社内制度の整備・財務政策の立案 ・マーケティング・市場分析・経営分析 ・新規事業開発、人材開発 ・中長期経営計画の立案・経営戦略の策定　など
業務管理	企業内の各種業務を対象におこなわれる管理行動 ・財務管理・生産管理・購買管理・販売管理・顧客管理・労務管理

1-3 経営戦略

　企業はその存続発展のため企業の将来像を想定し、その将来像実現のために経営戦略を練ります。経営戦略は、現状分析と動向分析を踏まえて経営目標を描き、目標達成のための中長期経営計画をたて、推進されます。

＜現状分析のポイント＞

経営体制	①経営者、②経営組織、③経営戦略
技術力	①保有技術、②知的財産権、③外部技術資源、④商品開発力、⑤技術継承
生産力	①生産管理体制（工程管理、品質管理、原価管理、物流管理）、②保有設備
営業力	①営業管理体制、②商品力（優位性）、③市場支配（市場規模、シェア、成長性）
財務力	①収益性、②流動性、③成長性、④生産性、⑤効率性、⑥資金調達
情報システム	①対象範囲、②網羅性、③整合性、④利用度合い、⑤セキュリティ

＜動向分析＞

顧客動向分析	顧客の購買行動に関する分析
消費者動向分析	消費者の購買行動に関する分析
市場動向分析	市場での取扱商品に関する分析
景気動向分析	景気変動の分析。 景気変動を示す指標は国民総生産・実質経済成長率・各種の物価指数・失業率・外国為替相場・国際収支・鉱工業生産指数・公定歩合・倒産件数など。

　経営戦略には、全社的な成長戦略や事業単位の競争戦略、機能ごとの戦略（人事戦略、マーケティング戦略、財務戦略など）があります。

② 業務管理

業務管理の目的は、円滑な業務の遂行です。各種業務をおこなう上で有効な手段としてコンピューターシステムがあります。この業務システムを活用する場合その特徴をよく理解しておく必要があります。ここでは、基幹業務システムを中心に概要を確認しましょう。

2-1 基幹業務

基幹業務とは、財務、会計、販売、購買、生産管理、物流など、企業の事業を運営する上で核となる業務をさします。基幹業務システムは、これら業務の事務処理系のシステムです。人の管理、物の管理、金の管理をおこないます。

〈各種業務〉	〈業務内容〉
購買管理業務	仕入先や外注先からの材料や商品の入荷および在庫について管理。発注、仕入、買掛、支払までの仕入業務について、仕入債務および商品の管理をおこないます。
販売管理業務	得意先への製(商)品の出荷を管理。見積り、受注、売上、売掛、入金までの販売業務について、売上債権の管理をおこないます。
財務管理業務	資金の調達と運用に関する管理。財務政策にもとづき財務計画を立て財務統制を実施し、資金の管理をおこないます。
人事就業管理業務	従業員の資格や学歴などの人事情報や労働時間など就労に関する情報など従業員の管理をおこないます。

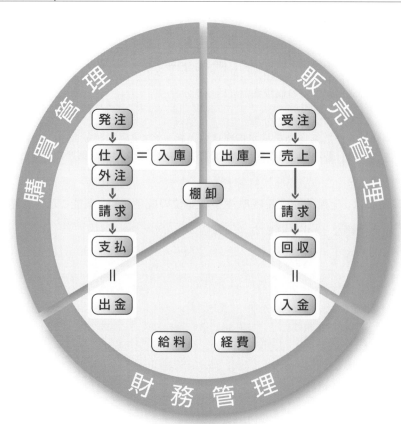

ERP（企業資源計画）

購買管理業務、販売管理業務、財務管理業務を業務単位で処理する場合、同一データをそれぞれ入力しなおすため、手間がかかり、入力ミスの発生も増加します。関連する業務をシステム的に統合することで、情報を相互に参照・利用することが可能となり効率化がはかれます。ERP（Enterprise Resource Planning）とは、管理事務を企業全体で統合管理するためのシステムをさし、データの統合、業務の統合によって経営資源を効率的に有効活用することが可能となります。

2-2 財務管理

適切な利益を事業活動によって実現するために財務活動はおこなわれ、収益性や流動性等の基準に沿って最適に管理されることが望まれます。財務管理では、一定の会計基準に従って会計処理がおこなわれた会計情報が活用されます。企業会計には、財務会計の分野と管理会計の分野がありますが、密接に関連しているため明確には区分できません。

〈企業会計〉	〈財務会計〉	〈管理会計〉
目　的	外部への情報提供目的	経営管理者への情報提供目的
規　制	あり。制度会計	なし。非制度会計
会計基準	企業会計原則・商法・証券取引法・税法	企業独自に採用
対　象	企業の財政状態と経営成績に関する実績値	業績、原価、利益、予算など経営管理上特定された対象の集計分析

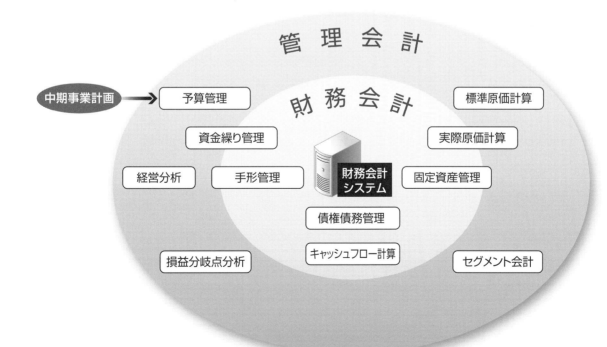

第2章 日常の会計処理

Chapter 2

企業の維持発展にとって、環境分析や経営分析、分析にもとづく経営戦略の立案は重要です。経営管理上、営業活動を計数的に把握し、評価・分析することはさまざまな場面でおこなわれます。営業活動の記録として会計は重要な1つであり、実態を表す有益な数値情報を提供します。

複式簿記の基本原理にのっとって処理される企業会計では、商慣習や実務上の手続き、会社ごとに定められた経理規程、関連する税法や会社法、企業会計原則や会社計算規則等の知識が総合的に必要となります。

ここでは、取引の種類ごとに実際の証ひょうを使って日常の会計処理について理解を深めましょう。

① 勘定奉行 i 10 の起動と終了

勘定奉行 i 10 を使って、複数の会計データを処理することが可能です。起動後、会社データを適切に選択・切替をおこないましょう。

1-1 勘定奉行 i 10 の起動方法

プログラムを起動する基本的な手順は、Windows のスタートボタンから起動する方法です。

【スタート】−【奉行シリーズ】−【勘定奉行 i 10】をクリックします。

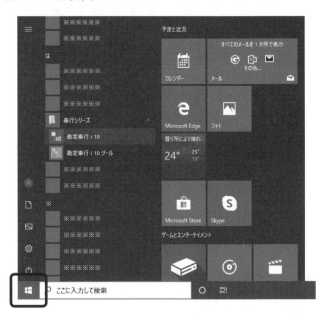

1-2 勘定奉行 i 10 の終了方法

ウィンドウ右上にある閉じるボタンまたはメインメニューの終了をクリックします。

◆ボタンからの終了

①ボタンによるメニュー形式を選択している場合は、
　メインメニュー一番下の【終了】をクリックします。

②ウィンドウの閉じるボタンをクリックしても終了します。

データファイルの管理

会計用のデータファイルは、事業所ごとに、年度単位で保存・管理します。会計データファイルの重要度は非常に高いので、不測の事態に備えて定期的にバックアップをとります。また、バックアップファイルは、必要に応じて、いつでも簡単に復元が可能です。

2-1 会計データの新規作成

① 【データ領域管理】－【3.データ領域作成】をクリックします。

② データ領域作成ウィザードが起動されます。画面の指示に従って、「次へ」をクリックし、ウィザードを完了しましょう。

① 【データ領域管理】－【2.バックアップ／復元】－【2.バックアップ復元】をクリックします。

② バックアップモード、復元メディア、復元元フォルダを正しく指定し、次へをクリックします。
設定内容を確認し、再度次へをクリックします。

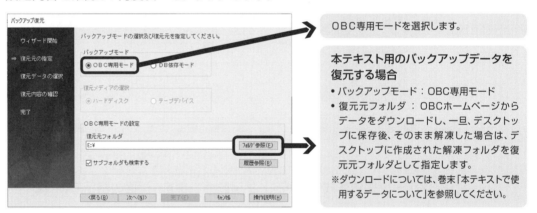

OBC専用モードを選択します。

本テキスト用のバックアップデータを復元する場合
- バックアップモード：OBC専用モード
- 復元元フォルダ ：OBCホームページからデータをダウンロードし、一旦、デスクトップに保存後、そのまま解凍した場合は、デスクトップに作成された解凍フォルダを復元元フォルダとして指定します。
※ダウンロードについては、巻末「本テキストで使用するデータについて」を参照してください。

③ 複数のデータをまとめて復元する場合は、②の操作の後、復元対象データの会社コード欄にあるチェックボックスをクリックでチェックを入れ、次へをクリックします。
続く設定内容確認画面で最終確認後、次へをクリックします。

2-3 会計データの選択

保存されている複数の会計データは、随時、切替えが可能です。

① 【データ領域管理】−【1.データ領域選択】をクリックします。

② 対象の会社データをクリックし、[Enter]キーを押します。

2-4 会計データの削除

① 【データ領域管理】−【4.データ領域保守】−【3.データ領域削除】をクリックした後、削除
対象の会社データをダブルクリックするか、クリックで指定後、[Enter]キーを押します。

② 確認メッセージに【OK】ボタンをクリックすれば、削除完了です。

会計データの入力と関連帳簿

OBCホームページからダウンロードした(P194参照)「OBCアートステンレス工業株式会社　第2章」を開き、実際の電子会計に触れてみましょう。

(P194参照)

3-1 科目設定

電子会計では、会計ソフトを利用して、まず個々の会計データを保存するための領域を確保します。この時、勘定科目は、標準的な科目体系が自動的にセットされます。科目体系と登録されている勘定科目を確認してみましょう。

①勘定科目

① 【導入処理】−【5.科目体系登録】−【1.勘定科目登録】をクリックします。

白いアイコンは、勘定科目を表します。

ウィンドウ内左側に科目体系がツリー状(階層状)に表示され、クリックで指定した項目が右に表示されます。ツリー状に連なるフォルダーマークをクリックすることで、⊞ と ⊟ で表示が切り替わります。

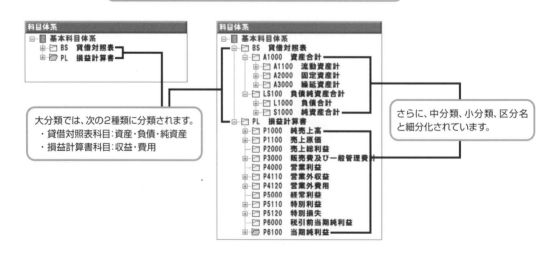

大分類では、次の2種類に分類されます。
・貸借対照表科目:資産・負債・純資産
・損益計算書科目:収益・費用

さらに、中分類、小分類、区分名と細分化されています。

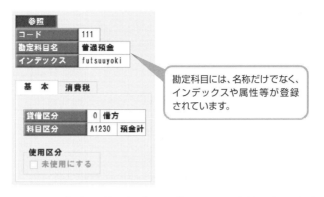

勘定科目には、名称だけでなく、インデックスや属性等が登録されています。

仕訳入力時の科目指定は、科目コード番号で行いますが、コード番号を使わずに、インデックスを利用して科目を呼び出すことも可能です。

コードや科目名称、インデックスを修正する場合は、対象の勘定科目をダブルクリックして行います。

②補助科目

勘定科目の内訳管理として活用されるのが、補助科目です。一部を除き、自由に追加・修正・削除が可能です。

① 【導入処理】－【5.科目体系登録】－【2.補助科目登録】をクリックします。

② 勘定科目コード欄に、「111」と入力し、普通預金に設定されている補助科目を確認してみましょう。

登録済みの補助科目

③ 補助科目を追加する場合は、コード欄に新しいコード番号を入力後、補助科目名とインデックスを入力し、[F12]キーを押すか、F12登録ボタンをクリックします。

3-2 会計データの入力方法

入力方法は、次のとおりです。いずれの入力方法からでも、同じ内容の帳票が完成します。

したがって、入力方法を伝票入力中心か、帳簿入力中心かは、会社ごとに異なります。会社の経理体制によることになります。ただし、複合取引は、振替伝票（仕訳処理）でのみ入力可能です。

＜勘定奉行i10のメニュー＞		＜入力内容＞	＜形式＞
仕訳処理（伝票入力）		振替伝票を使って、あらゆる取引を仕訳入力	単一取引 複合取引
帳簿入力	仕訳帳入力	あらゆる仕訳を単一取引の形式で仕訳入力	単一取引
	現金出納帳入力	現金の入出金について帳簿形式で入力	単一取引
	預金出納帳入力	預金の入出金について帳簿形式で入力	単一取引
	元帳入力	科目別に単一取引を帳簿形式で入力	単一取引

単一取引と複合取引について

単一取引＝1：1の取引

　　例：〈借方〉普通預金 50,000　　　〈貸方〉現金 50,000　　　〈摘要〉預け入れ

複合取引＝1：複数、複数：1、複数：複数の取引

　　例：〈借方〉租税公課 10,000　　　〈貸方〉現金 50,000　　　〈摘要〉収入印紙　郵便局
　　　　〈借方〉通 信 費 40,000　　　　　　　　　　　　　　　　〈摘要〉切手代　郵便局

現金出納帳入力・預金出納帳入力・元帳入力の利点

・残高を確認しながら入力することができる。

・仕訳（伝票入力・仕訳帳入力）では、借方と貸方、2つ以上の科目を入力しなければならないが、相手科目だけで済ませられる。

〈参考〉削除・修正・複写について

＜勘定奉行i10のメニュー＞		＜仕訳表示＞	＜仕訳編集＞
仕訳処理（伝票入力）		単一および複合（検索を要す）	修正・削除・複写処理可能
帳簿入力	仕訳帳入力	単一取引のみ	修正・削除・複写処理可能
	現金出納帳入力	現金関連・単一および複合	単一取引のみ、対処可能
	預金出納帳入力	預金関連・単一および複合	単一取引のみ、対処可能
	元帳入力	科目ごと・単一および複合	単一取引のみ、対処可能
会計帳票	元　　帳	科目ごと・単一および複合	修正・削除・複写処理可能

※合計残高試算表や補助科目内訳表などの集計表から「ジャンプ」機能を使って、指定科目の「元帳」を表示できます。

※元帳から「ジャンプ」機能を使って、仕訳処理に直接、移動できます。

〈仕訳処理〉

〈帳簿入力〉

3-3 入力方法① 伝票入力（仕訳処理）

【仕訳処理】-【1.仕訳処理】をクリックし、仕訳処理（振替伝票）の画面を開きましょう。

別ウィンドウで開かれた仕訳処理画面の配置と大きさをドラッグで適切に調整しましょう。

貸借の科目数が、1:多、多:1、多:多などの複合取引は、仕訳処理（振替伝票）のみ入力可能です。

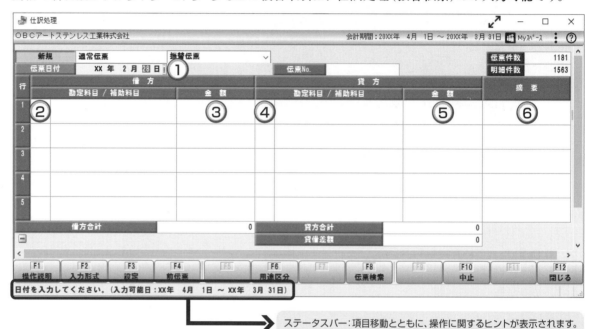

ステータスバー：項目移動とともに、操作に関するヒントが表示されます。

入力項目

① 伝票日付　② 借方科目　③ 借方金額　④ 貸方科目　⑤ 貸方金額　⑥ 摘要

入力でのキー操作

項目 移動：[Enter] または [Tab]　戻る：[Shift]＋[Tab] または [クリック]　上下：[↑]、[↓]

科目 上段複写：[+]　検索：[(Space)]　選択：[↓]、[↑]　決定：[Enter]

金額 反対貸借金額：[+]　貸借差額：[＊]

ファンクションキー
（日付欄が操作対象の場合）

- 伝 票 の 切 替：【F2】　入金伝票→出金伝票→振替伝票の順に切替ができます。
- 前伝票の表示：【F4】　1つ前に入力した伝票を呼び出します。
- 伝 票 の 検 索：【F8】　条件を設定し、入力済みの伝票を画面表示することができます。
　　　　　　　　　　　　入力済み伝票を表示後、修正・削除・複写・反対仕訳伝票の作成がおこなえます。

| F1 操作説明 | F2 入力形式 | F3 設定 | F4 前伝票 | F5 | F6 用途区分 | F8 伝票検索 | F10 中止 | F12 閉じる |

ファンクションキー
（科目欄が操作対象の場合）

- 行　　削　　除：【F7】　伝票内に不要な行がある場合に、その行を削除できます。
- 行　　挿　　入：【F8】　伝票入力途中、操作対象の行の上に新規の行を挿入できます。
- 科目の登録：【F9】　入力の途中で科目の追加登録ができます。

| F1 操作説明 | F2 ↓移動 | F3 付箋 | F4 税区分 | F5 税処理 | F6 定型呼出 | F7 行削除 | F8 行挿入 | F9 科目登録 | F10 中止 | F12 終了 |

ファンクションキー
（金額欄が操作対象の場合）

- 科目残高確認：【F2】　その行の科目欄で指定された科目の残高を入力中に確認できます。
- 差　額　金　額：【F6】　金額欄の入力時、貸借差額金額を自動で入力できます。
- 伝 票 の 登 録：【F12】　伝票入力が完了した場合、登録します。

| F1 税率 | F2 残高 | F3 付箋 | F4 税区分 | F5 税処理 | F6 差額 | F7 行削除 | F8 行挿入 | F9 再計算 | F10 中止 | F12 終了 |

◆次の取引を入力してみましょう

例題1

得意先㈱三律住設に対する2月分売上高12,418,740円が未処理のため、仕訳処理（振替伝票）にて追加処理を行いましょう。

振替伝票				〈日 付〉2月28日
借方科目	借方金額	貸方科目	貸方金額	摘　要
売掛金 ㈱三律住設	12,418,740	売上高	12,418,740	三律住設　当月分売上
借方合計	12,418,740	貸方合計	12,418,740	

①	伝票日付　　　XX 年 2 月 28 日	日付の入力 : 日付欄で、[28]を入力しEnterを押します。 ※年または月を修正する場合は、←キーまたは該当欄をクリックして行います。
②	行　借　方 勘定科目 / 補助科目 1	借方科目の入力 : 勘定科目コード[135]と入力し、売掛金を指定します。 続けて、補助科目コード[4]と入力し、㈱三律住設を指定します。 ※科目コードがわからない場合は、スペースキーで、科目検索が可能です。 ※科目選択は、クリックまたは、科目コードやインデックスを活用します。
③	金　額 1　0	借方金額の入力 : 金額[12418740]と入力し、Enterを押します。
④	貸　方 勘定科目 / 補助科目 1	貸方科目の入力 : 勘定科目コード[500]と入力し、売上高を指定します。 ※科目コードがわからない場合は、スペースキーで、科目検索が可能です。
⑤	金　額 1　0	貸方金額の入力 : [+]を入力します。 ※[+]キーで反対貸借金額が自動処理されます。[*]は、貸借差額。
⑥	摘　要	摘要文の入力 : [三律住設　当月分売上]と入力しましょう。 ※運用設定にて、摘要コードを「入力する」としている場合、摘要コード欄が 　表示されます。今回は使用しません。
⑦		[F12]キーを押し、入力を終了後、再度[F12]キーを押して、登録します。

3-4 入力方法② 仕訳帳入力

　仕訳帳では、あらゆる科目を使って、取引を入力することが可能です。ただし、1：1の単一取引のみとなります。【仕訳処理】－【3.帳簿入力】－【1.仕訳帳入力】をクリックします。

　別ウィンドウで開かれた仕訳処理画面の配置と大きさをドラッグで適切に調整しましょう。

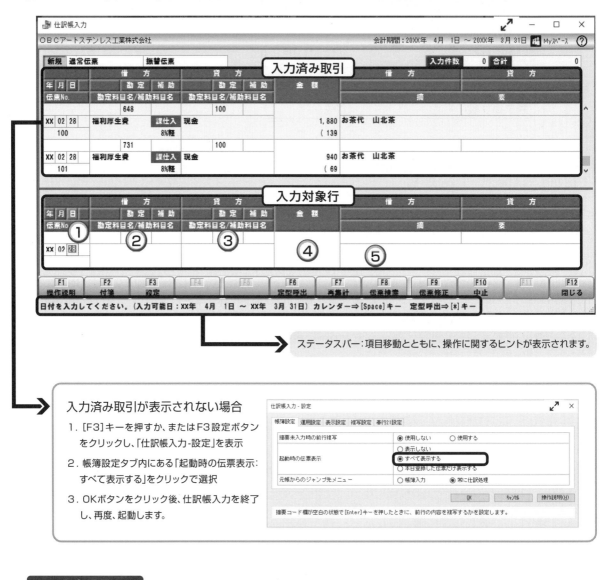

入力済み取引が表示されない場合

1. ［F3］キーを押すか、またはF3設定ボタンをクリックし、「仕訳帳入力-設定」を表示
2. 帳簿設定タブ内にある「起動時の伝票表示：すべて表示する」をクリックで選択
3. OKボタンをクリック後、仕訳帳入力を終了し、再度、起動します。

入力項目

① 伝票日付　　② 借方科目　　③ 貸方科目　　④ 金額　　⑤ 摘要

※ここでは、単一取引（1：1の取引）のみ入力可能です。

◆次の取引を入力してみましょう

例題2

2月10日、普通預金口座（青山銀行）から、本社電気代1月分 437,613円が引き落とされた。

【伝票日付】2月10日　　【借方科目】水道光熱費（744）　　【貸方科目】普通預金（111）・青山銀行（1）
【金額】437,613円　　【摘要】本社電気代振替

①	年 月 日 伝票No. XX 02 23	日付の入力：［10］と入力し、Enterを押します。 ※年または月を修正する場合は、←キーまたは該当欄をクリックして行います。
②	借 方 勘 定　補 助 勘定科目名/補助科目名	借方勘定科目の入力：科目コード［744］と入力します。 ※科目コードがわからない場合は、スペースキーで、科目検索が可能です。 ※画面上部の入力済み取引も参考情報として活用しましょう。
③	貸 方 勘 定　補 助 勘定科目名/補助科目名	貸方科目の入力：勘定科目コード［111］と入力し、 　　　　　　　補助科目コード［1］と入力しEnterを押します。
④	金 額	金額の入力：［437613］と入力し、Enterを押します。
⑤	借 方　　貸 方 成　　要	摘要文の入力：［本社電気代振替］と入力しましょう。 ※運用設定にて、摘要コードを「入力する」としている場合、摘要コード欄が 　表示されます。今回は使用しません。
⑥		Enter を押し、登録します。

例題3

例題2で入力した水道光熱費の口座引き落とし取引は、1月に未払金で計上してありました。
したがって、相手科目は、水道光熱費ではなく、未払金（315）・電気代（8）で処理すべき取引でした。
正しく、修正しましょう。

1. 例題2の入力済み取引行をクリックで指定後、［F9 修正］ボタンをクリックします。
2. 借方勘定科目コードをクリックし、［315］と入力し、補助科目コード欄は［8］を入力し、Enter
   を押します。
3. Enterを押し、摘要欄に移動し、さらにEnterを押し、修正を完了します。

3-5 入力方法③ 現金出納帳入力

現金出納帳では、現金の入金取引及び出金取引を入力することが可能です。

ただし、1:1の単一取引のみとなります。入力済みの取引に関しては、複合取引も含めて表示されます。

【仕訳処理】−【3.帳簿入力】−【2.現金出納帳入力】をクリックします。

別ウィンドウで開かれた現金出納帳入力画面の配置と大きさをドラッグで適切に調整しましょう。

勘定科目指定欄に、[100]と入力し、現金を指定します。

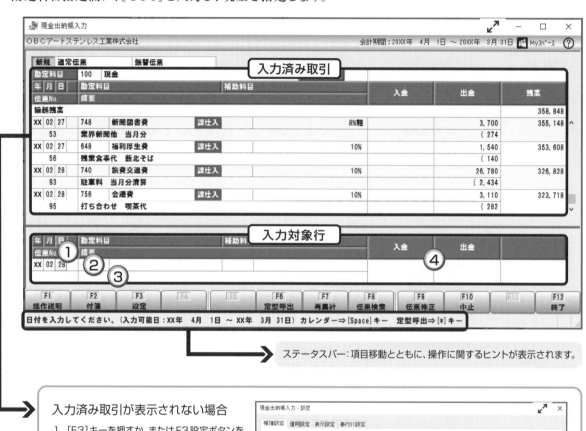

ステータスバー：項目移動とともに、操作に関するヒントが表示されます。

入力済み取引が表示されない場合

1. [F3]キーを押すか、またはF3設定ボタンを
クリックし、「現金出納帳入力-設定」を表示

2. 帳簿設定タブ内にある「起動時の伝票表示：
すべて表示する」をクリックで選択

3. OKボタンをクリック後、仕訳帳入力を終了
し、再度、起動します。

入力済み取引について

文字の表示が薄く見える取引は、複合取引の行です。複合取引は、現金出納帳では、修正や削除が行えないため、仕訳処理、仕訳伝票リスト（後述）または元帳（会計帳票）で行います。

入力項目

① 伝票日付 ② 相手科目 ③ 摘要 ④ 入金額 または 出金額

※ここでは、単一取引（1:1の取引）のみ入力可能です。

◆次の取引を入力してみましょう

例題4

例題：3月1日の残業食事代 2,780円を現金で支払った。

【日付】3月1日　　【相手科目】福利厚生費（648）　　【摘要】残業食事代　　【出金額】2,780円

①	年 月 日 伝票No. XX 02 28	日付の入力 ： 月の欄をクリックし、[3]と入力し、Enterを押します。 　　　　　　　　日の欄に、[1]と入力し、Enterを押します。 ※年または月を修正する場合は、←キーまたは該当欄をクリックして行います。
	勘定科目 摘要	相手勘定科目の検索 ： スペースキーを押します。 ※科目コードがわかる場合は、科目コード番号を直接入力します。 ※画面上部の入力済み取引も参考情報として活用しましょう。
②	勘定科目検索 インデックス検索 fuk コード　名称 648　福利厚生費 731　福利厚生費	科目には、科目名称と同じローマ字のインデックスが設定されています。 科目名称やコード番号、インデックスを使って科目の検索ができます。 インデックスを使う場合は、左上の検索条件を「インデックス検索」に切り替え、条件欄に入力します。 該当の科目を選択し、Enterキーで確定します。
③	勘定科目　補助科目 摘要 648　福利厚生費　課仕入　10%	摘要文の入力 ： [残業食事代]と入力しましょう。
④	出金 0	金額の入力 ： [2780]と入力し、Enterを押します。 ※運用設定にて、摘要コードを「入力する」としている場合、摘要コード欄が表示されます。今回は使用しません。
⑤	出金 2,780 252	消費税額が表示されます。確認後、Enterを押し、登録を完了します。

例題5

例題4で入力した取引を削除しましょう。

1．入力済み取引欄に表示されている対象取引をダブルクリックし、【削除】ボタンをクリックします。

2．確認メッセージボックスのOKボタンをクリックします。

3-6 入力方法④ 預金出納帳入力

　預金には、当座預金、普通預金、定期預金など用途別に複数の種類があります。当座預金は、小切手や手形などを振り出すことができる企業の決済用口座としての特性を持っています。この当座預金には、利息が付きませんが、一般的に利用される普通預金や定期預金には、利息が付きます。

　通常、預金の種類別に勘定科目を分け、預金口座別に補助科目を設けます。預金出納帳は、勘定科目および補助科目を指定し、口座別に入金取引及び出金取引を入力する処理方法です。

　入力にあたっては、1：1の単一取引のみとなります。ただし、入力済みの取引に関しては、複合取引も含めて表示されます。

◆預金出納帳ウィンドウの準備

【仕訳処理】-【3.帳簿入力】-【3.預金出納帳入力】をクリックします。

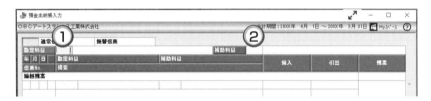

① [111]と入力し、
　普通預金を指定します。
② [1]と入力し、
　青山銀行を指定します。

◆預金出納帳の入力

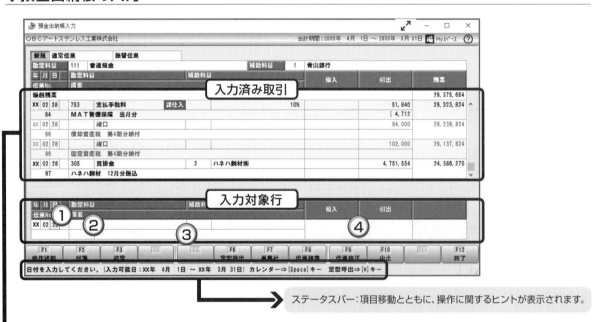

ステータスバー：項目移動とともに、操作に関するヒントが表示されます。

入力済み取引について
　文字の表示が薄く見える取引は、複合取引の行です。複合取引は、預金出納帳では、修正や削除が行えないため、仕訳処理、仕訳伝票リスト（後述）または元帳（会計帳票）で行います。
　入力済みの取引が表示されない場合、F3設定ボタンをクリックし、「起動時の伝票表示」の設定を、「すべて表示する」に変更し、出納帳画面を再起動します。

入力項目

① 伝票日付　② 相手科目　③ 摘要　④ 入金額　または　出金額

◆次の取引を入力してみましょう

例題：2月25日 青山銀行普通預金口座から1月分クレジットカード利用代金 104,750円が引き落としとなりました。なお、クレジットカード利用の取引は、すでに利用日にて未払金で処理済みです。

【伝票日付】2月25日　　　　【相手科目】未払金（315）・クレジットカード（11）
【摘要】クレジットカード 決済　　【出金額】104,750円

①		日付の入力 : 日の入力欄で、［25］と入力し、Enterを押します。 ※年または月を修正する場合は、←キーまたは該当欄をクリックして行います。
②		相手勘定科目の検索 : スペースキーを押します。 ※科目コードがわかる場合は、科目コード番号を直接入力します。 ※画面上部の入力済み取引も参考情報として活用しましょう。
		科目には、科目名称と同じローマ字のインデックスが設定されています。 科目名称やコード番号、インデックスを使って科目の検索ができます。 インデックスを使う場合は、左上の検索条件を「インデックス検索」に切り替え、条件欄に入力します。 該当の科目を選択し、Enterキーで確定します。
		補助科目の検索 : スペースキーを押します。
		Enterを押して、補助科目欄に移動、 矢印キーで指定後、Enterを押して確定します。
③		摘要文の入力 : ［クレジットカード　決済］と入力しましょう。 ※運用設定にて、摘要コードを「入力する」としている場合、摘要コード欄が表示されます。今回は使用しません。
④		金額の入力 : ［104750］と入力し、Enterを押します。

3-7 入力方法⑤ 元帳入力

取引の入力を科目別に行うことができる帳簿が元帳入力です。

◆元帳入力ウィンドウの準備

【仕訳処理】-【3.帳簿入力】-【4.元帳入力】をクリックします。

① [630] と入力し、材料仕入高を指定します。
② 補助科目の設定がある勘定科目の場合は、補助科目を指定します。

◆元帳入力の手順

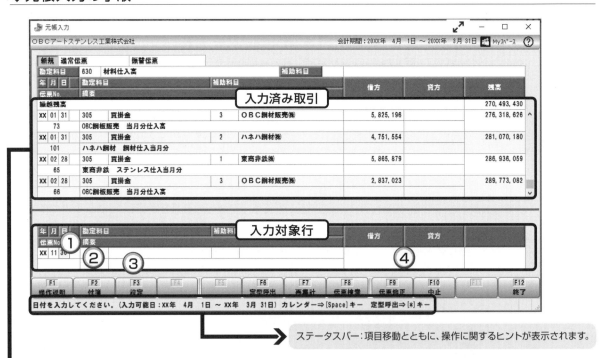

ステータスバー：項目移動とともに、操作に関するヒントが表示されます。

入力済み取引が表示されない場合

1. [F3]キーを押すか、またはF3設定ボタンをクリックし、「元帳入力-設定」を表示
2. 帳簿設定タブ内にある「起動時の伝票表示：すべて表示する」をクリックで選択
3. OKボタンをクリック後、元帳入力を終了し、再度、起動します。

入力項目

① 伝票日付　② 相手科目　③ 摘要　④ 借方金額　または　貸方金額

◆次の取引を入力してみましょう

例題7

2月分のハネハ鋼材㈱からの材料仕入高 2,955,813円が未処理であることが判明しました。
1月分の材料仕入高の処理を複写元ととして、2月分の仕入高を追加処理しましょう。

【伝票日付】2月28日　　　　　【相手科目】勘定科目：買掛金　補助科目：ハネハ鋼材
【摘要】ハネハ鋼材　鋼材仕入当月分　　　　　【出金額】2,955,813円

①	入力済み取引欄にある1月31日のハネハ鋼材からの仕入取引をクリックで指定します。
②	[F6 複写]ボタンをクリックします。

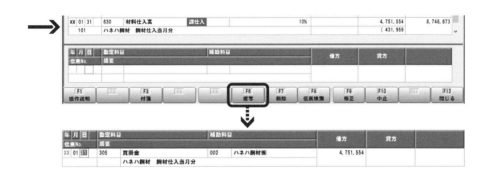

③	日付欄で、月に［2］、日に［28］と入力し、Enterを押して、次の項目に移動します。
④	セットされている相手科目、摘要を確認し、Enterを押して、金額欄に移動します。
⑤	金額の入力 ：［2955813］と入力し、Enterを押します。

3-8 **確認方法・仕訳伝票リスト**

入力された取引データの確認は、目的に応じて対応するウィンドウが異なります。

●取引(仕訳)の入力及び確認：仕訳処理・仕訳帳入力・現金出納帳入力・預金出納帳入力・元帳入力
　※どのウィンドウから取引を入力しても、仕訳処理(振替伝票)として記録されます。

●取引内容(仕訳)の確認：仕訳伝票リスト(仕訳処理)・元帳(会計帳票)
　※どのウィンドウから取引を入力しても、すべての取引が転記されます。
　　また、修正・削除・複写も自由に行えます。

●集計結果の確認：元帳・補助科目内訳表・合計残高試算表
　※どのウィンドウからも、元データのウィンドウに入って行くことが可能です。
　　また、元帳にジャンプした場合、修正・削除・複写を自由に行えます。

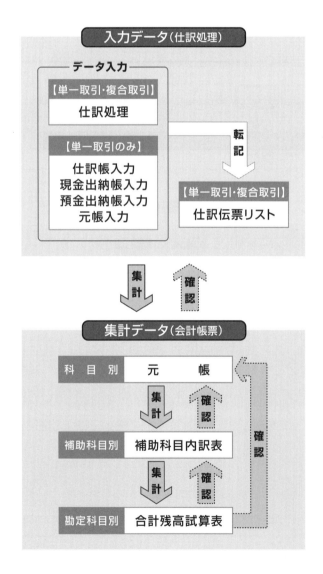

◆仕訳伝票リスト

入力されたすべての取引が表示されます。また、他の取引入力ウィンドウと同じに、修正・削除・複写も自由に行えます。

① 【仕訳処理】－【2.仕訳伝票リスト】をクリックします。

今回は、条件設定を行わず、画面ボタンをクリックして、登録済みの全仕訳を表示しましょう。

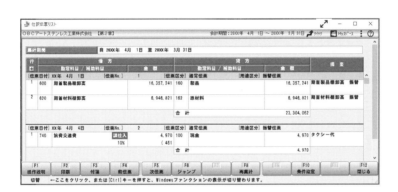

◆次の取引を削除しましょう

例題8

2月12日　（借方）福利厚生費　（貸方）現金　（金額）940円　（摘要）お茶代　山北茶

1. 仕訳伝票リストウィンドウをスクロールして、対象の仕訳をダブルクリックします。
2. 新たに開かれた仕訳処理ウィンドウの内容を確認後、[F7 削除]ボタンをクリックします。
3. 確認メッセージボックスの[OK]ボタンをクリックします。

3-9 確認方法・元帳

日々変動する現金や預金の動きを中心に取引を入力することで、あらゆる科目が連動します。

科目ごとに取引内容や残高を確認する場合には、元帳を活用します。

条件設定にて指定する元帳種類に従って、勘定元帳または補助元帳として表示・印刷されます。

元帳ウィンドウ内に表示された仕訳は、自由に修正・削除・複写が行えます。

① 【会計帳票】-【1.元帳】-【1.元帳】をクリックします。

② 開かれた元帳・条件設定ダイアログにて、集計期間や元帳修理、対象科目の指定選択をします。

③ 元帳種類：勘定元帳、勘定科目コード：160～160を指定し、画面ボタンをクリックします。

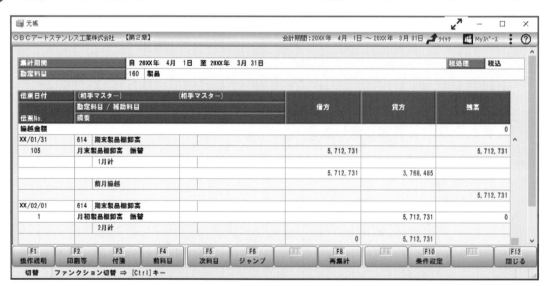

◆次の例題を処理しましょう

例題9

2月末の月次棚卸の振替処理が未処理でした。
1月末の入力済み取引から複写機能を利用して、追加入力しましょう。

振替伝票			〈日 付〉2月28日		
借方科目	借方金額	貸方科目	貸方金額	摘　　要
製品	8,660,676	期末製品棚卸高	8,660,676	月末製品棚卸高　振替
原材料	1,204,129	期末材料棚卸高	1,204,129	月末材料棚卸高　振替
借方合計	9,864,805	貸方合計	9,864,805	

①	商品勘定元帳にある1月31日の棚卸振替取引の取引をダブルクリックします。
②	開かれた仕訳処理ウィンドウにある[F6 複写]ボタンをクリックします。 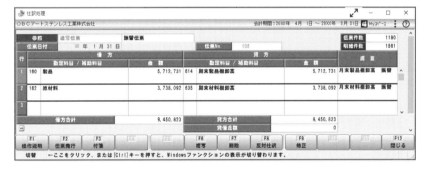
③	日付、金額を修正し、仕訳を登録します。 

3-10 確認方法・補助科目内訳表

様々な目的により、内訳管理として、勘定科目に補助科目を作成します。下表はその例です。

勘定科目	補助科目	集計内容、残高の確認資料
預金	預金口座ごとに作成	預金通帳など
売掛金	得意先ごとに作成	自社作成の請求書や納品書など
買掛金	仕入先ごとに作成	仕入先作成の請求書や納品書など
未払金	取引先ごとに作成	取引先作成の請求書や納品書など

勘定奉行では、補助科目の集計表として、「補助科目内訳表」があります。

① 【会計帳票】－【4.内訳表】－【3.補助科目内訳表】をクリックします。

② 集計期間を、[1月]～[2月]と指定した後、画面ボタンをクリックします。

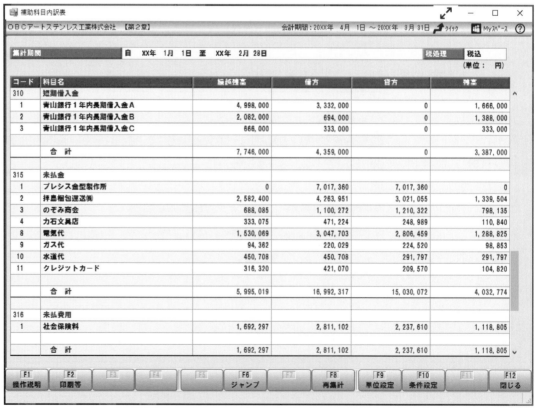

◆次の例題を処理しましょう

例題10

短期借入金に設定されている補助科目について、その入力内容をそれぞれ確認しましょう。

①	補助科目内訳表の「短期借入金」から「青山銀行1年内長期借入金A」の行をダブルクリックします。
②	[F12 閉じる]ボタンをクリックし、元帳ウィンドウを閉じた後、再度、補助科目内訳表に戻り、 2行目の「青山銀行1年内長期借入金B」の行をダブルクリックします。

例題11

短期借入金・青山銀行1年内長期借入金Bに関して、2月5日付けの次の取引が未処理でした。
1月入力済み取引から複写機能を利用して、追加入力しましょう。

振替伝票		〈日 付〉2月5日		
借方科目	借方金額	貸方科目	貸方金額	摘　要
短期借入金 青山銀行1年内長期借入金B	694,000	普通預金 青山銀行	765,913	借入返済B　青山銀行
支払利息	71,913			借入返済B　青山銀行
借方合計	765,913	貸方合計	765,913	

①	開かれた「青山銀行1年内長期借入金B」の元帳にある1月5日の取引をダブルクリックします。
②	開かれた「仕訳処理」(振替伝票)のウィンドウを確認し、[F6 複写]ボタンをクリックします。
③	日付、金額を修正し、登録します。 支払利息の金額入力で、[*]キーで、貸借差額を自動処理可能です。

3-11 確認方法・合計残高試算表

日々変動する現金や預金の動きを中心に取引を入力することで、あらゆる科目が連動します。

科目ごとに取引内容や残高を確認する場合には、元帳を活用しますが、科目全体を確認する場合は、合計残高試算表を活用します。

① 【会計帳票】－【3.合計残高試算表】－【1.合計残高試算表】をクリックします。

② 開かれた条件設定ダイアログにて、集計期間や帳票の選択をします。

ここでは、月範囲ボタンをクリックし、[4月]から[2月]を指定し、画面ボタンをクリックします。

③ 条件設定にしたがった、貸借対照表が表示されます。

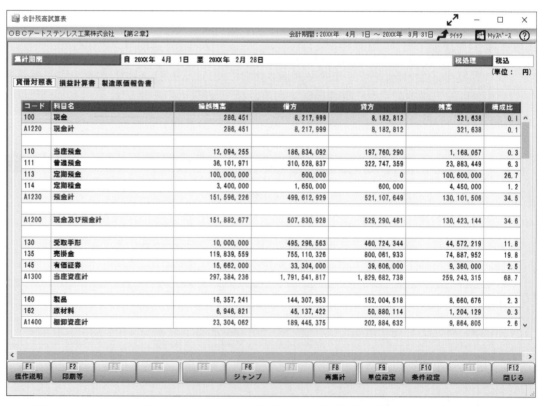

左上部にあるタブにて、「貸借対象表」、「損益計算書」、「製造原価報告書」の切り替えが行えます。

④ 補助科目が設定されている勘定科目の場合、合計残高試算表からダブルクリックで、補助科目内訳表または総勘定元帳にジャンプすることができます。
売掛金の行をダブルクリックし、ジャンプダイアログの「補助科目」ボタンをクリックしましょう。

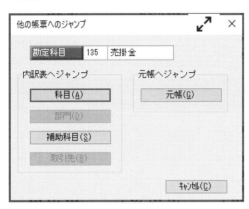

補助科目内訳表から、各補助科目の行をダブルクリックすることで、補助元帳にジャンプ可能です。

⑤ 合計残高試算表に戻り、損益計算書タブをクリックしましょう。

貸借対照表と同様、勘定科目の行からダブルクリックで、元帳や補助科目内訳表にジャンプできます。

日常取引の処理

バックアップファイルを復元し、日常処理の学習をおこないましょう。

 会社概要

当社は、主にステンレス鋼材を使用したキッチン、ラック、タンク、容器やインテリア、生活雑貨の製造卸売販売をしています。得意先は6社（内1社は海外）、材料仕入先は3社（内1社は子会社）、外注先2社（材料無償支給による1次加工、仕上加工）です。

会　社　名	OBCアートステンレス工業株式会社
決　算　期	第15期
会 計 期 間	4月1日～翌3月31日
業　　　種	製造業
事 業 内 容	ステンレス製品の製造卸
資　本　金	1億円
従 業 員 数	役員5名、従業員16名（内8名製造部門）
消 費 税 関 係	課税事業者、本則課税、税込経理方式

得意先情報

㈱DIYホームセンター	㈱あおぞら建設	㈱クレバーホーム
20日締め／翌月末振込	20日締め／翌々月25日手形振出／手形サイト60日 ただし、100万円未満の端数は小切手	20日締め／翌々月20日振込

㈱三律住設	㈱ハンズジャパン	3Sトレーディング（カナダ国）
月末締め／翌々月15日手形振出／手形サイト90日	月末締め／翌月末振込	月末締め／翌月末振込 ただし、米ドル建て取引

仕入先・外注先その他 購買関連情報

東商非鉄㈱	ハネハ鋼材㈱	OBC鋼板販売㈱
材料仕入	材料仕入	材料仕入
末締め翌月末／手形裏書	末締め翌月末／振込	末締め翌月末／手形裏書

ISI工業㈱
1次加工
末締め翌月末／手形裏書および小切手振出

大東研磨塗装工業㈱
研磨塗装
末締め翌月末／振込

プレシス金型製作所
自社使用の金型仕入
末締め翌月末／振込

拝島梱包運送㈱
配送委託
末締め翌月末／振込

のぞみ商会
消耗品、消耗工具の購買
末締め翌月末／振込

力石文具店
文具調達
末締め翌月末／振込

加入保険情報

・社会保険（健康保険・厚生年金保険）… 協会管掌に加入、厚生年金基金非加入

・労働保険（雇用保険・労災保険）… 一般事業所として加入

会計・設定情報

勘定科目

貸借対照表科目

現　　　　金 (100)	製　　　　品 (160)	構　築　物 (202)	差入保証金 (280)	長期借入金 (370)
当 座 預 金 (110)	仕　掛　品 (161)	機械及び装置 (203)	買　掛　金 (305)	資　本　金 (400)
普 通 預 金 (111)	原　材　料 (162)	車両運搬具 (204)	短期借入金 (310)	繰越利益剰余金 (430)
定 期 預 金 (113)	前 払 費 用 (171)	工具器具備品 (205)	未　払　金 (315)	
定 期 積 金 (114)	預　け　金 (174)	減価償却累計額 (230)	未 払 費 用 (316)	
受 取 手 形 (130)	立　替　金 (180)	投資有価証券 (250)	未払消費税 (331)	
売　掛　金 (135)	建　　　　物 (200)	長期前払費用 (270)	預　り　金 (345)	
有 価 証 券 (145)	建物附属設備 (201)	保険積立金 (271)	仮　受　金 (355)	

損益計算書科目

売　上　高 (500)	役 員 報 酬 (720)	事務用品費 (743)	諸　会　費 (754)	有価証券売却益 (805)
期首製品棚卸高 (600)	給 料 手 当 (721)	水道光熱費 (744)	会　議　費 (756)	雑　収　入 (820)
仕　入　高 (604)	法定福利費 (730)	保　険　料 (745)	租 税 公 課 (757)	支 払 利 息 (830)
期末製品棚卸高 (614)	福利厚生費 (731)	修　繕　費 (746)	減価償却費 (760)	手形譲渡損 (832)
運　　　　賃 (700)	旅費交通費 (740)	新聞図書費 (748)	支払リース料 (768)	為 替 差 損 (838)
広 告 宣 伝 費 (702)	通　信　費 (741)	賃　借　料 (752)	受 取 利 息 (800)	有価証券売却損 (839)
交　際　費 (704)	消 耗 品 費 (742)	支払手数料 (753)	為 替 差 益 (804)	法 人 税 等 (930)

製造原価報告書科目

期首材料棚卸高 (620)	法定福利費 (647)	消 耗 品 費 (652)	消耗工具費 (662)	外注加工費 (680)
材料仕入高 (630)	福利厚生費 (648)	水道光熱費 (653)	租 税 公 課 (664)	期首仕掛品棚卸高 (690)
期末材料棚卸高 (635)	旅費交通費 (650)	修　繕　費 (655)	減価償却費 (666)	期末仕掛品棚卸高 (692)
賃　　　　金 (641)	通　信　費 (651)	地 代 家 賃 (659)	雑　　　　費 (678)	

補助科目

当座預金 (110)
青山銀行 (1)

普通預金 (111)
青山銀行 (1)

定期預金 (113)
青山銀行 (1)

受取手形 (130)
㈱あおぞら建設 (1)
㈱三律住設 (2)

売掛金 (135)
㈱DIYホームセンター (1)
㈱あおぞら建設 (2)
㈱クレバーホーム (3)
㈱三律住設 (4)
㈱ハンズジャパン (5)
3Sトレーディング・カナダ (6)

前払費用 (171)
保証協会-借入A (1)
保証協会-借入B (2)
保証協会-借入C (3)

立替金 (180)
雇用保険料 (1)

長期前払費用 (270)
保証協会-借入A (1)
保証協会-借入B (2)
保証協会-借入C (3)

買掛金 (305)
東商非鉄㈱ (1)
ハネハ鋼材㈱ (2)
OBC鋼材販売㈱ (3)
ISI工業㈱ (4)
大東研磨塗装工業㈱ (5)

未払金 (315)
プレシス金型製作所 (1)
拝島梱包運送㈱ (2)
のぞみ商会 (3)
力石文具店 (4)
電気代 (8)
ガス代 (9)
水道代 (10)
クレジットカード (11)

未払費用 (316)
社会保険料 (1)
労働保険料 (2)

短期借入金 (310)
青山銀行1年内長借A (1)
青山銀行1年内長借B (2)
青山銀行1年内長借C (3)

預り金 (345)
社会保険料 (1)
所得税 (2)
住民税 (3)

長期借入金 (370)
青山銀行1年内長借A (1)
青山銀行1年内長借B (2)
青山銀行1年内長借C (3)

4-2 現金

会計上、現金とは、現金、手持ちの受入れ小切手、郵便為替証書および振替貯金払出証書その他これに準ずるものをさします。現金の取扱は、経理規程にもとづいた金銭取扱規則や出納基準にのっとっておこなわれるべきものです。

例題12

次の領収書について、仕訳入力をおこないましょう。
会計処理については、入力済みデータを参照すること。

領収書1

```
            領収証

   OBCアートステンレス工業㈱ 様
   ───────────────────

      ○○○○コーヒー  ○○店
      ○○県○○市○○町X-X
      Tel XX-XXXX-XXXX
   ======================
   1. XXXXXXX        XXXX円
   2. XXXXXXX        XXXX円
      合  計    2,370円

      現金         3,000円
      釣銭          630円

   20XX/03/01   XX:XX
```

※打ち合わせ 喫茶代
[756・会議費]

領収書2

```
      領   収   証

   日付  'X年03月03日   00:00
   車番    0000000    000
   基本運賃        7,580円
   合計      7,580円
   上記金額領収致しました。
   (消費税をきみます)


   ○○交通株式会社
   ○○県○○市○○町X-X
   ☎XX-XXXX-XXXX
```

※タクシー代
[740・旅費交通費]

領収書3

領収証書
毎度ありがとうございます

OBCアートステンレス工業㈱ 様

○○○○郵便局
〒000-0000　　TEL XX-XXXX-XXXX
20XX年　3月5日　00:00

[XXXXX]
　　　　　XX
@XX　　XX　　　　　　¥430

小　計　　　　　　¥430

合計　　　　　　¥430
お預り金額　　　　¥430

※郵送料
[741・通信費]

領収書4

領収証

OBCアートステンレス工業㈱ 様

○○○○コーヒー　○○店
○○県○○市○○町X-X
Tel XX-XXXX-XXXX
======================:
1. XXXXXXX　　　　XXXX円
2. XXXXXXX　　　　XXXX円
合　計　　　1,800円

現金　　　　　2,000円
釣銭　　　　　　200円

20XX/03/05　XX:XX

※打ち合わせ 喫茶代
[756・会議費]

領収書5

領収証書
毎度ありがとうございます

OBCアートステンレス工業㈱ 様

○○○○郵便局
〒000-0000　　TEL XX-XXXX-XXXX
20XX年　3月9日　00:00

[XXXXX]
　　　　　XX
@XX　　XX　　　　　　¥250

小　計　　　　　　¥250

合計　　　　　　¥250
お預り金額　　　　¥250

※郵送料
[741・通信費]

領収書6

```
領    収    証

日付   'X年03月09日   00:00
車番   0000000    000
基本運賃          1,450円

合計      1,450円

上記金額領収致しました。
（消費税を含みます）


○○交通株式会社
○○県○○市○○町X-X

☎XX-XXXX-XXXX
```

※タクシー代
［740・旅費交通費］

領収書7

納品書 兼 領収書

20XX/03/09

〒000-0000   ○○県○○市○○町X-X
Tel XX-XXXX-XXXX
OBCアートステンレス工業㈱）御中

(株)○○○リース
〒000-0000   ○○市○○町X-X
Tel XX-XXXX-XXXX

商　　　品	納品（数量）	金額	回収	前残/今残
フロアーマット	1	2,400		1

備考	小　　　計	2,400
	消　費　税	240
	合　　　計	2,640

上記金額領収致しました。

※フロアーマット
リース料
［768・支払リース料］

領収書8

```
領収証

OBCアートステンレス工業㈱ 様

○○○○コーヒー　○○店
○○県○○市○○町X-X
Tel XX-XXXX-XXXX
====================:
1. XXXXXXX          XXXX円
2. XXXXXXX          XXXX円
合　計      2,940円

現金           3,000円
釣銭             60円

20XX/03/10   XX:XX
```

※打ち合わせ 喫茶代
［756・会議費］

領収書9

領　収　証

OBCアートステンレス工業㈱ 様　　X 年　3 月　10 日

★　¥1,880

但　お茶代として
上記正に領収いたしました

内　訳
税抜金額
消費税額等（　％）

山北茶
○○県○○市○○町 X-X
TEL. XX-XXXX-XXXX　FAX. XX-XXXX-XXXX

※お茶代【製造】
［648・福利厚生費］

領収書10

領　収　証

OBCアートステンレス工業㈱ 様　　X 年　3 月　10 日

★　¥1,760

但　お食事代として
上記正に領収いたしました

内　訳
税抜金額
消費税額等（　％）

○○県○○市○○町 X-X
TEL. XX-XXXX-XXXX　FAX. XX-XXXX-XXXX
藪北そば

※残業食事代【製造】
［648・福利厚生費］

領収書11

領　収　証

OBCアートステンレス工業㈱ 様　　X 年　3 月　10 日

★　¥940

但　お茶代として
上記正に領収いたしました

内　訳
税抜金額
消費税額等（　％）

山北茶
○○県○○市○○町 X-X
TEL. XX-XXXX-XXXX　FAX. XX-XXXX-XXXX

※お茶代
［731・福利厚生費］

領収書12

領収証

OBCアートステンレス工業㈱ 様

○○○○コーヒー　○○店
○○県○○市○○町X-X
Tel XX-XXXX-XXXX
=====================:
1. XXXXXXX　　　　　XXXX円
2. XXXXXXX　　　　　XXXX円
合　計　　　2,650円

現金　　　　　　2,650円
釣銭　　　　　　　　0円

20XX/03/11　XX:XX

※打ち合わせ 喫茶代
［756・会議費］

領収書13

領収証

OBCアートステンレス工業㈱ 様

○○○○コーヒー　○○店
○○県○○市○○町X-X
Tel XX-XXXX-XXXX
=====================:
1. XXXXXXX　　　　　XXXX円
2. XXXXXXX　　　　　XXXX円
合　計　　　1,340円

現金　　　　　　1,500円
釣銭　　　　　　　160円

20XX/03/14　XX:XX

※打ち合わせ 喫茶代
［756・会議費］

領収書14

領　収　証

X 年　3 月　16 日

OBCアートステンレス工業㈱ 様

★　**¥1,880**

但　お食事代として
上記正に領収いたしました

内　訳
税抜金額
消費税額等（　％）

○○県○○市○○町 X-X
TEL. XX-XXXX-XXXX　FAX. XX-XXXX-XXXX
藪北そば

※残業食事代【製造】
［648・福利厚生費］

領収書15

領　収　証

日付　'X年03月18日　00:00
車番　0000000　000
基本運賃　　　　5,290円

合計　　5,290円

上記金額領収致しました。
（消費税をきみます）

◯◯交通株式会社
◯◯県◯◯市◯◯町X-X
☎XX-XXXX-XXXX

※タクシー代
[740・旅費交通費]

領収書16

領　収　証

OBCアートステンレス工業㈱ 様　　X年　3月　18日

★　　¥1,620

但　お食事代として
上記正に領収いたしました

内　訳
税抜金額
消費税額等（　%）

◯◯県◯◯市◯◯町 X-X
TEL. XX-XXXX-XXXX　FAX. XX-XXXX-XXXX

藪北そば

※残業食事代【製造】
[648・福利厚生費]

領収書17

領収証

OBCアートステンレス工業㈱ 様　　No.

金額　★　　¥107,100

但　車検費として

X年　3月　20日　上記正に領収いたしました

内　訳
現　金　¥107,100
小切手
手　形　　　／
その他　　　／
合　計　¥107,100

スズキオート
◯◯県◯◯市◯◯町 X-X
TEL. XX-XXXX-XXXX　FAX. XX-XXXX-XXXX

※車検費用
[746・修繕費]

領収書18

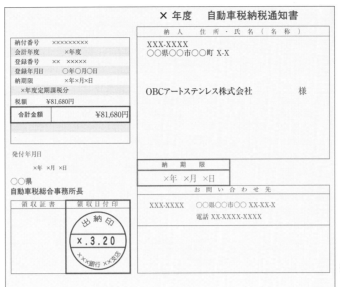

× 年度　自動車税納税通知書

納付番号　　×××××××××
会計年度　　×年度
登録番号　　×× ×××××
登録年月日　○年○月○日
納期限　　　×年×月×日
　×年度定期課税分
税額　　　　¥81,680円

合計金額	¥81,680円

発付年月日
　　　　　×年 ×月 ×日
○○県
自動車税総合事務所長

領収証書	領収日付印
	出納印 ×.3.20 ××銀行 ××支店

納 人 住 所・氏 名（ 名 称 ）

XXX-XXXX
○○県○○市○○町 X-X

OBCアートステンレス株式会社　　　　様

納　期　限
×年 ×月 ×日

お 問 い 合 わ せ 先

XXX-XXXX　　○○県○○市○○ XX-XX-X
　　　　　　電話 XX-XXXX-XXXX

※車検 自動車税等
[757・租税公課]

領収書19

領収証

OBCアートステンレス工業㈱ 様

○○○○○コーヒー　○○店
○○県○○市○○町X-X
Tel XX-XXXX-XXXX
===================
1. XXXXXXX　　　　　XXXX円
2. XXXXXXX　　　　　XXXX円

合　計　　1,260円

現金　　　　　2,060円
釣銭　　　　　　800円

20XX/03/20　XX:XX

※打ち合わせ 喫茶代
[756・会議費]

領収書20

領　収　証

OBCアートステンレス工業㈱ 様　　　X年 3月 21日

★　¥1,840

但 お食事代として
上記正に領収いたしました

内　訳

税抜金額

消費税額等（　％）

○○県○○市○○町 X-X
TEL. XX-XXXX-XXXX　FAX. XX-XXXX-XXXX

藪北そば

※残業食事代【製造】
[648・福利厚生費]

領収書21

領収証書
毎度ありがとうございます

OBCアートステンレス工業㈱ 様

○○○○郵便局
〒000-0000　　TEL XX-XXXX-XXXX
20XX年 3月22日 00:00

[XXXXX]

	XX	
@XX	XX	¥310

小　計	¥310

合計	¥310
お預り金額	¥310

※郵送料
[741・通信費]

領収書22

領 収 証

OBCアートステンレス工業㈱ 様　　　　　X 年 3 月 22 日

¥　　　　7,500

但　書籍代として

上記正に領収いたしました

内　訳　_____

税込金額　_____

消費税額　_____

○○県○○市○○町 X-X
TEL. XX-XXXX-XXXX　FAX. XX-XXXX-XXXX

学芸堂

※書籍代
[748・新聞図書費]

領収書23

払込受領証
○○国際電話サービス株式会社

ご請求先氏名

OBC　アートステン
レス工業　株式会社　様

お客様番号
XXXX-XXXX-XXXX

X 年　X 月ご請求分

金額（円）
26,286

（うち、消費税等相当額）
0

受取人
○○国際電話サービス株式会社

お問合せ先
XXX-XXXX-XXXX

受　領　日　付　印

X.03.23

※国際電話
通信サービス
[741・通信費]

領収書24

領　収　証

日付　'X年03月23日　00:00
車番　0000000　000
基本運賃　　　　1,140円
合計　　**1,140**円

上記金額領収致しました。
（消費税をきみます）

◯◯交通株式会社
◯◯県◯◯市◯◯町X-X
☎XX-XXXX-XXXX

※タクシー代
［740・旅費交通費］

領収書25

領　収　証

OBCアートステンレス工業㈱ 様　　X 年　3 月　23 日

★　**￥6,000**

但　町内会費7～3月分として
上記正に領収いたしました

内　訳
税抜金額
消費税額等（　％）

◯◯◯◯町内会
◯◯市◯◯町 X-X
TEL. XX-XXXX-XXXX　FAX. XX-XXXX-XXXX

※町内会費 7-3月
［754・諸会費］

領収書26

領収証

OBCアートステンレス工業㈱ 様

◯◯◯◯コーヒー　◯◯店
◯◯県◯◯市◯◯町X-X
Tel XX-XXXX-XXXX
====================:
1. XXXXXXX　　　　XXXX円
2. XXXXXXX　　　　XXXX円
合　計　　**1,050**円

現金　　　　　　1,050円
釣銭　　　　　　　　0円

20XX/03/23　XX:XX

※打ち合わせ 喫茶代
［756・会議費］

領収書27

領 収 証

OBCアートステンレス工業㈱ 様　　　X 年　3 月　23 日

★　￥1,650

但　お食事代として

上記正に領収いたしました

内　訳

税抜金額

消費税額等(　％)

○○県○○市○○町 X-X
TEL. XX-XXXX-XXXX　FAX. XX-XXXX-XXXX

藪北そば

※残業食事代【製造】
［648・福利厚生費］

領収書28

領 収 証

OBCアートステンレス工業㈱ 様　　　X 年　3 月　25 日

￥　　　1,048

但　書籍代として

上記正に領収いたしました

内　訳

税込金額

消費税額

○○県○○市○○町 X-X
TEL. XX-XXXX-XXXX　FAX. XX-XXXX-XXXX

教徳社

※書籍代
［748・新聞図書費］

領収書29

領収証

OBCアートステンレス工業㈱ 様

○○○○コーヒー　○○店
○○県○○市○○町 X-X
Tel XX-XXXX-XXXX

=====================

1. XXXXXXX　　　　　XXXX円
2. XXXXXXX　　　　　XXXX円

合　計　　　880円

現金　　　　　　　1,000円
釣銭　　　　　　　　120円

20XX/03/28　XX:XX

※打ち合わせ 喫茶代
［756・会議費］

領収書30

領　収　証

OBCアートステンレス工業㈱ 様　　　X 年　3 月　28 日

★　¥1,680

但　お食事代として
上記正に領収いたしました

内　訳
税抜金額
消費税額等（　％）

○○県○○市○○町 X-X
TEL. XX-XXXX-XXXX　FAX. XX-XXXX-XXXX
藪北そば

※残業食事代【製造】
［648・福利厚生費］

領収書31

領収証

OBCアートステンレス工業㈱ 様

○○○○○コーヒー　○○店
○○県○○市○○町 X-X
Tel XX-XXXX-XXXX
======================
1. XXXXXXX　　　　XXXX円
2. XXXXXXX　　　　XXXX円
合　計　　1,620円

現金　　　　　　1,620円
釣銭　　　　　　　　0円

20XX/03/29　XX:XX

※打ち合わせ 喫茶代
［756・会議費］

領収書32

領収証書
毎度ありがとうございます

OBCアートステンレス工業㈱ 様

○○○○郵便局
〒000-0000　　TEL XX-XXXX-XXXX
20XX年　3月30日　00:00

［XXXXX］
　　　　　　XX
　@XX　　XX　　　¥1,600

小　計　　　　　¥1,600

合計　　　　　　¥1,600
お預り金額　　　¥1,600

※切手代
［741・通信費］

領収書33

領　収　証

日付　'X年03月30日　00:00
車番　0000000　000
基本運賃　　　　　1,700円
合計　　**1,700**円

上記金額領収致しました。
（消費税を含みます）

○○交通株式会社
○○県○○市○○町X-X
☎XX-XXXX-XXXX

※タクシー代
［740・旅費交通費］

領収書34

領　収　証

日本△△新聞

OBCアートステンレス㈱　様

X　年　3　月　30　日

¥3,700
（内消費税　¥274）

上記金額正に領収いたしました。（価格には消費税が含まれております）

新　聞　名	部　数	金　額
△△新聞セット	1	3700

日本△△新聞
東京都港区新橋X-X-X
電　　話　03-XXXX-XXXX
フリーダイヤル　0120-XXXXXX

※業界新聞
　当月分
［748・新聞図書費］

領収書35

領収証

OBCアートステンレス工業㈱　様

○○○○コーヒー　○○店
○○県○○市○○町X-X
Tel XX-XXXX-XXXX
===================
1. XXXXXXX　　　XXXX円
2. XXXXXXX　　　XXXX円
合　計　　**1,190**円

現金　　　　1,200円
釣銭　　　　　10円

20XX/03/30　XX:XX

※打ち合わせ　喫茶代
［756・会議費］

領収書36

領　収　証

OBCアートステンレス工業㈱ 様　　X 年　3 月　31 日

★　¥30,550

但　時間貸し駐車料金3月分として

上記正に領収いたしました

内　訳

税抜金額

消費税額等(　　%)

○○○○駐車場

○○県○○市○○町 X-X

TEL. XX-XXXX-XXXX　FAX. XX-XXXX-XXXX

※駐車料 当月分清算

[740・旅費交通費]

4-3 預金

会計上、預金とは金融機関に対する預金および貯金をいいます。当座預金、普通預金、定期預金、定期積金などが代表例です。

①普通預金

銀行取引の基本となる預金で、自由に預入、払戻ができる預金口座です。また、各種公共料金や自動振替契約、給与・年金の受取など決済口座としても利用されます。

① 証ひょう1－預金通帳

預金の動きの記録について、金融機関が預金者に発行している証ひょうが預金通帳です。

例題13

預金通帳から3月の取引について、仕訳入力をおこないましょう。
会計処理は、入力済みデータを参照すること。

⚠ 入力帳票 ＝ 預金出納帳入力・元帳入力・仕訳処理・仕訳帳入力など

青山銀行 普通預金

年 月 日	お取引内容	お支払金額	お預り金額	差引残高
×-3-05	倉庫代 利根不動産商会 振替	129,600		23,753,849
×-3-08	ネットバンクサービス料 振替	2,200		22,993,920
×-3-10	積金	100,000		22,893,920
×-3-10	積金 満期		401,800	23,295,720 ※1
×-3-15	積金	50,000		19,828,465
×-3-21	電話代 本社	29,921		26,092,959
×-3-21	電話代 工場	13,849		26,079,110
×-3-22	コピー リース 振替	13,200		26,065,910
×-3-23	賠償責任保険 ブラザー損保 振替	162,000		25,903,910 ※2
×-3-27	プロバイダーサービス料 振替	6,840		18,618,178
×-3-27	自動車保険 ブラザー損保 振替	37,800		18,580,378
×-3-27	ビジネスフォン リース 振替	8,800		18,571,578
×-3-30	引き出し	300,000		18,271,578
×-3-31	携帯電話通信料 振替	167,395		17,812,386
×-3-31	MAT警備保障 振替	51,840		17,760,546

※1 満期利息計算書は次ページのとおり
※2 資産計上分（保険積立金）120,000円を含む

⚠ 元帳（会計帳票）から、定期積金を開き、入力済みデータを確認しましょう。

定期積金利息計算書・精算書

×/3/10

満期決済日	×/3/10		
定期積金	2,400,000	差引精算額	2,401,800
満期加算金額	2,117	所得税（国）	317
定期預金振替	2,000,000	振替日	×/3/10
普通預金振替	401,800	振替日	×/3/10

青山銀行

※満期加算金額は（820）雑収入、所得税は（757）租税公課を使用。

② 証ひょう2－振込依頼票

取引先等に代金の振込をおこなった場合、証ひょうとして振込依頼票が残ります。振込処理は、銀行窓口またはATMでおこなわれる他、インターネットバンキングでも利用できます。

例題14

青山銀行普通預金口座から取引代金の振込をおこないました。次の振込依頼書を参考に仕訳入力をおこないましょう。会計処理は、入力済みデータを参照すること。

⚠ 元帳（会計帳票）から、普通預金・青山銀行を開き、入力済みデータを確認しましょう。

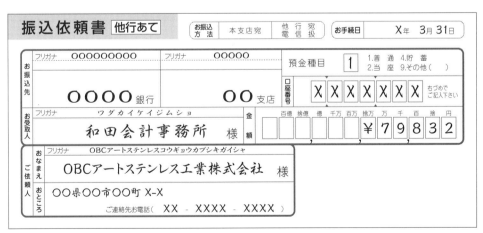

注：源泉所得税　8,168円を差し引いて振り込みをしています

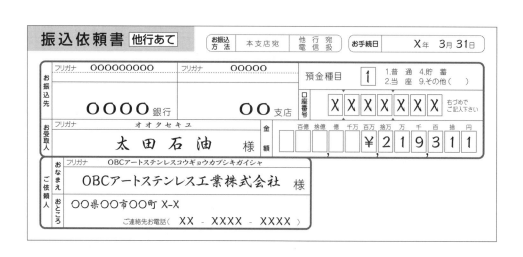

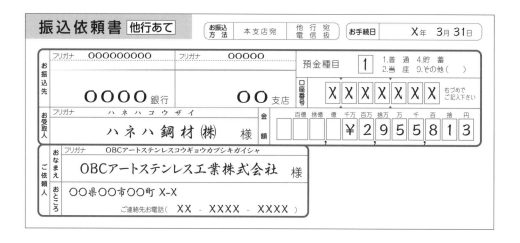

②当座預金

　当座預金とは、利子が付かない代わりに、預金者に対して手形や小切手の決済に利用できる権利を付与したり、当座貸越を認めるなど便宜を図った預金口座のことです。また、各種公共料金や自動振替契約、給与・年金の受取など決済口座としても利用されます。

　小切手とは、預金の支払いを約束した証書で、現金の取引によって生じる手間の省略、危険防止になるので現金の代用として広く使われています。

(1) 当座照合表－青山銀行

　預金者に対して、金融機関が発行する証ひょうが当座照合表です。小切手を振り出した場合、経理上はその日付で処理をおこないますが、受取人が金融機関に呈示するまでには幾日か日数がかかります。そのため、預金出納帳と当座照合表に記載されている小切手引き落とし日は一致しません。また、月末時点で未取立の小切手がある場合、当座照合表月末残高と預金出納帳月末残高は一致しません。この場合、不一致の原因を明確にし、両者を一致させる銀行勘定調整表を作成します。

当座照合表
自 ×年3月1日　至 ×年3月31日

口座番号×××××

日　付	備　考	預入金額	支払金額	残　高
	繰越			18,815,225
×年3月1日	01218		7,431,763	11,383,462
×年3月2日	01219		7,017,360	4,366,102
×年3月2日	01217		924,258	3,441,844
×年3月3日	01220		1,681,551	1,760,293
×年3月5日	01222		412,187	1,348,106
×年3月7日	01221		138,149	1,209,957
×年3月26日	他店小切手	165,293		1,375,250
×年3月30日	手形割引	10,170,867		11,546,117
×年3月31日	手形取立	11,000,000		22,546,117

青山銀行

(2) 当座入金帳

　当座預金に入金処理をおこなうために、当座入金帳および当座入金票があります。

例題15

当座入金は、得意先・あおぞら建設㈱から受け取った他店振り出し小切手の預入れです。
適切に仕訳入力をしましょう。ただし、小切手受領に関しては、仕訳の対象外とする。

当 座 入 金 帳	X年 3月 26日

￥165,293

内　訳
小切手　1枚
手　形
その他

OBCアートステンレス工業

③ 小切手帳控（みみ）および領収証

　　小切手の振出に伴い、後日確認できるよう、控（みみ）に日付・金額・取引内容を正しく記入します。また、小切手振出後の残高を残高欄に記入します。残高がマイナスまたは当座借越契約の金額を越えないよう注意します。

例題16

小切手の振出に関して、領収書および入力済みデータを参考に仕訳入力をおこないましょう。
ただし、ISI工業への手形渡しについては、仕訳の対象外とする。

⚠ 入力帳票 ＝ 預金出納帳・元帳（会計帳票）・仕訳処理・仕訳帳入力など

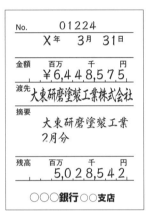

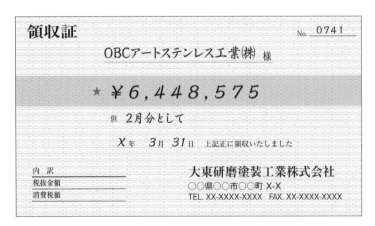

No.	01225
	X年　3月　31日

金額　百万　千　円
¥1,3 3 9,5 0 4

渡先　拝島梱包運送株式会社

摘要　拝島梱包運送
2月分

残高　百万　千　円
3,6 8 9,0 3 8

○○○銀行○○支店

No.	01226
	X年　3月　31日

金額　百万　千　円
¥1 1 0,8 4 0

渡先　力石文具店

摘要
力石文具店 2月分

残高　百万　千　円
3,5 7 8,1 9 8

○○○銀行○○支店

No.	01227
	X年　3月　31日

金額　百万　千　円
¥7 9 8,1 3 5

渡先　のぞみ商会

摘要
のぞみ商会 2月分

残高　百万　千　円
2,7 8 0,0 6 3

○○○銀行○○支店

領 収 証

No. 00548

OBCアートステンレス工業㈱ 様　　　　X年　3月　31日

¥　　　　1,339,504

但 2月分　　　　　　　　　上記正に領収いたしました

内　訳
小切手　¥ 1,339,504
その他　　　　/
合　計

○○県○○市○○町 X-X
TEL. XX-XXXX-XXXX　FAX. XX-XXXX-XXXX

拝島梱包運送株式会社

領収証

No. 06041

OBCアートステンレス工業㈱ 様

金額　★　　¥110,840

但 2月分代金として

X年　3月　31日　上記正に領収いたしました

内　訳
現　金
小切手　¥ 110,840
手　形　　　/
その他　　　/
合　計　¥ 110,840

力石文具店
○○県○○市○○町 X-X
TEL. XX-XXXX-XXXX　FAX. XX-XXXX-XXXX

領収証

No.

OBCアートステンレス工業㈱ 様

★　　¥798,135

但 2月分として

X年　3月　31日　上記正に領収いたしました

内　訳
税抜金額
消費税額

のぞみ商会
○○県○○市○○町 X-X
TEL. XX-XXXX-XXXX　FAX. XX-XXXX-XXXX

4-4 売掛金（売上）

① 掛け取引について

　取引は、その代金決済の時期において、①取引の都度、現金で決済する方法と②信用にもとづいて締め日を設定し、後日決済する方法の2種類があります。後者を掛け取引といい、取引条件を設定しておこないます。取引条件には、売買の金額枠、売上計上基準（出荷基準、検収基準など）、締め日、決済日、決済方法（現金、小切手、手形など）などです。

　会計処理は、納品の都度、会計帳簿に記録する方法に代えて、販売管理システムを利用して、締め日ごとの売上総額や月次の売上総額を会計帳簿に記録する方法もあります。

② 請求書

　当社の20日締めの取引先に対する請求内容は次のとおりです。

例題17

資料から20日締めの得意先について当月分売上の仕訳処理を入力しましょう。

> (!) 入力帳票 ＝ 元帳入力−売上勘定・仕訳処理・仕訳帳入力など

●×年3月20日締め請求書（税込）および 締め後売上、当月売上情報

得意先名	㈱DIYホームセンター
前月請求残高	3,590,419円
当月ご入金額	3,590,419円
繰越残高	0円
当月お取引額	4,811,583円
今回ご請求額	4,811,583円

前月締め後売上 （2/21-2/28）	当月締め後売上 （3/21-3/31）
1,395,615円	1,618,913円

3月度　取引総額
4,811,583円−1,395,615円＋1,618,913円＝5,034,881円

得意先名	㈱あおぞら建設
前月請求残高	17,810,702円
当月ご入金額	9,165,178円
繰越残高	8,644,979円
当月お取引額	10,501,311円
今回ご請求額	19,146,290円

前月締め後売上 （2/21-2/28）	当月締め後売上 （3/21-3/31）
1,840,291円	2,480,350円

3月度　取引総額
10,501,311円−1,840,291円＋2,480,350円＝11,141,370円

得意先名	㈱クレバーホーム
前月請求残高	11,669,016円
当月ご入金額	6,920,934円
繰越残高	4,748,082円
当月お取引額	5,549,453円
今回ご請求額	10,297,535円

前月締め後売上 （2/21-2/28）	当月締め後売上 （3/21-3/31）
2,622,670円	2,516,820円

3月度　取引総額
5,549,453円−2,622,670円＋2,516,820円＝5,443,603円

販売管理システムを運用している場合、当システムから出力される月次請求書とは別に売上一覧表の活用が可能です。

資料から、月末締めの得意先について、当月分売上の仕訳処理を入力しましょう。

請求先別売掛金残高一覧表
自 ×年3月1日　至 ×年3月31日
【締日　31日】
OBCアートステンレス工業株式会社

コード	請求先	繰越売掛金残	入金額	税抜売上額	消費税額	税込売上高	差引売掛金残
004	㈱三律住設	30,075,708	17,656,968	11,929,695	1,192,969	13,122,664	25,541,404
005	㈱ハンズジャパン	3,904,083	3,904,083	4,439,436	443,943	4,883,379	4,883,379
006	3Sトレーディング	1,979,448	1,979,448	2,527,193	0	2,527,193	2,527,193

③売掛金の回収

売掛金の回収は、得意先との取り決めによります。予定されている回収日に現金、小切手、振込、手形での回収や債務との相殺(そうさい)などがあります。また、外貨建て売掛金の場合は、請求時と決済時で為替相場が変動しているため、為替差損益が発生します。

① 現金・小切手回収

　　他店振出の小切手で回収した場合は、現金勘定で処理します。

領収証(控)から小切手回収について、適切に仕訳処理を入力しましょう。
なお、手形および相殺について、ここでは仕訳の対象外とします。

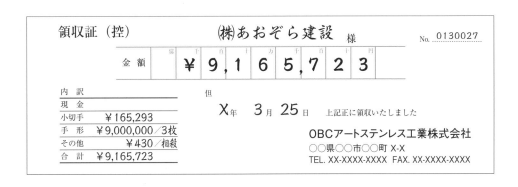

② 預金口座への振込回収

例題20

預金通帳の記録から売掛金回収について、適切に仕訳処理を入力しましょう。
なお、3Sトレーディングについては、請求額と回収額との差額は、為替差損益である。

❗ 補助科目内訳表で、売掛金を1月から3月の期間で集計した後、
各得意先ごとに取引内容を元帳表示しましょう。

青山銀行

		普通預金		
年月日	お取引内容	お支払金額	お預り金額	差引残高
×-3-20	クレバーホーム		6,920,934	26,749,399
×-3-31	DIYホームセンター		3,590,419	18,096,009
×-3-31	ハンズジャパン		3,904,083	22,000,092
×-3-31	3Sトレーディング		1,996,794	23,996,886

③ 手形での回収

後述《4-5》 受取手形参照

受取手形とは、通常の営業活動によって生じた手形債権のことで、約束手形、為替手形、荷為替手形があります。通常の営業活動以外の手形債権は金融手形として別計上されます。

約束手形とは、手形振出人が、受取人に対して、一定の日（支払期日）に、一定の金額（手形金額）の支払いを約束する有価証券のことです。約束手形の振出人は、手形の発行者であると同時に主たる債務者となります。

一方、為替手形とは、振出人が支払人にあてて、一定の日（支払期日）に一定の金額（手形金額）を受取人に支払うよう委託する有価証券のことです。

売掛金を手形で回収した場合、金融機関に取立依頼をする場合と期日前に割引または裏書譲渡する場合があります。

①手形の受取

例題21

領収証（控）から売掛金の回収について仕訳処理を入力しましょう。
なお、㈱あおぞら建設について、小切手回収分については、既に処理済みです。

> 補助科目内訳表で、売掛金を1月から3月の期間で集計した後、
> 各得意先ごとに、ダブルクリックで取引内容を元帳表示しましょう。

㈱三律住設
3月15日回収内訳　×年1月31日締め請求分：17,656,968円

約束手形 手形番号：XXXXXXX ／ 額面：5,865,879円 ／ 決済銀行：XX銀行XX支店 ／ 期日：×年6月15日
約束手形 手形番号：XXXXXXX ／ 額面：2,837,023円 ／ 決済銀行：XX銀行XX支店 ／ 期日：×年6月15日
約束手形 手形番号：XXXXXXX ／ 額面：8,936,410円 ／ 決済銀行：XX銀行XX支店 ／ 期日：×年6月15日
相殺：安全協力会費 17,656円（請求額の0.1％）

㈱あおぞら建設
3月25日回収内訳　×年1月20日締め請求分：9,165,723円

約束手形 手形番号：XXXXXXX ／ 額面：6,000,000円 ／ 決済銀行：XX銀行XX支店 ／ 期日：×年5月25日
約束手形 手形番号：XXXXXXX ／ 額面：3,000,000円 ／ 決済銀行：XX銀行XX支店 ／ 期日：×年5月25日
小切手：額面 165,293円　　相殺：手形等郵送料 430円

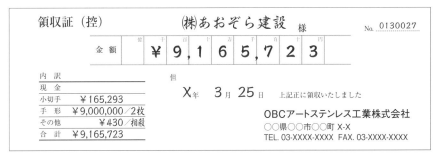

②手形の裏書譲渡

債務の支払のために他人に手形を譲渡する場合、手形の裏書をおこないます。裏書に当たって、譲受人となる債権者の承諾が必要となります。この合意にもとづいて、手形の裏面にある裏書欄に裏書をし、債権者に交付することで譲渡が完了します。

例題22

資料から、手形裏書譲渡について、仕訳処理を入力しましょう。
なお、ISI工業への小切手振出については、既に入力済みです。

補助科目内訳表で、買掛金を1月から3月の期間で集計した後、各仕入先ごとに、ダブルクリックで取引内容を元帳表示しましょう。

東商非鉄㈱

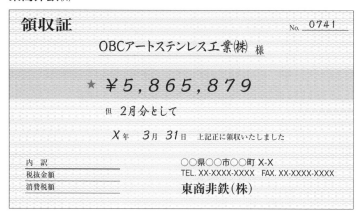

×年3月31日支払内訳
×年2月28日締め請求分
：5,865,879円

手形裏書譲渡
・受領先：㈱三律住設
・振出人：㈱三律住設
・額面金額：5,865,879円
・手形期日：6月15日

OBC鋼板販売㈱

×年3月31日支払内訳
×年2月28日締め請求分
：2,837,023円

手形裏書譲渡
・受領先：㈱三律住設
・振出人：㈱三律住設
・額面金額：2,837,023円
・手形期日：6月15日

ISI工業㈱

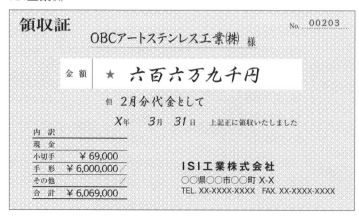

×年3月31日支払内訳
×年2月28日締め請求分
：6,069,000円

手形裏書譲渡
・受領先：㈱あおぞら建設
・振出人：㈱あおぞら建設
・額面金額：6,000,000円
・手形期日：5月25日

小切手振出
・小切手No.：01223
・額面金額：69,000円

③手形の割引

　手形の割引とは、手形の満期日前に運転資金を得るために、取引銀行などに裏書譲渡する場合をいいます。割引日から満期日までの利息相当額を手形金額に応じて支払います。

例題23

資料から、手形割引について、仕訳処理を入力しましょう。

(!) 補助科目内訳表で、当座預金または、受取手形について集計した後、元帳を表示し、入力済みデータを確認しましょう。

手形内容 受領先：㈱三律住設 ／ 振出人：㈱三律住設 ／ 額面：10,196,988円 ／ 振出日：×年1月15日 ／ 手形受領日：×年1月15日 ／ 手形期日：×年4月15日 ／ 割引金融機関：青山銀行 ／ 手形割引日：×年3月30日 ／ 入金日：×年3月30日 ／ 割引率：5.5％ ／ 割引料：26,121円 ／ 差引入金額：10,170,867円

割引料計算書

×年3月30日

手形金額	10,196,988円		
割引実行日	×年3月30日	割引率	5.5％
手形期日	×年4月15日	日数	17日
割引料	26,121円		
口座入金額	10,170,867円		

青山銀行

④手形の取立

　手形は、支払呈示期間（記載の支払期日とそれに次ぐ2取引日）に手形記載の支払銀行に呈示することで決済され現金化されます。通常は預金口座に入金されます。

例題24

資料のとおり、取立依頼に出していた手形が当座預金に入金されました。仕訳処理を入力しましょう。

×年3月31日 期日取立　振出人：あおぞら建設㈱　額面：11,000,000円　入金口座：当座預金青山銀行

当座照合表

自 ×年3月1日　至 ×年3月31日

口座番号XXXXX

日　付	備　考	預入金額	支払金額	残　高
×年3月26日	他店小切手	165,293		1,375,250
×年3月30日	手形割引	10,170,867		11,546,117
×年3月31日	手形取立	11,000,000		22,546,117

青山銀行

有価証券とは、株式会社が発行する株式や社債、国が発行する国債、地方公共団体が発行する地方債をいいます。有価証券は保有の目的によって主に売買目的有価証券と満期保有目的債権に分けられます。取得時にかかる購入手数料は取得原価に算入し、売却時にかかる手数料は経費処理します。売買差額は、有価証券売却損益勘定で処理します。

同一銘柄を複数回購入する場合の一単位当たりの帳簿価額の算出方法として、移動平均法と総平均法があります。

◆有価証券の売買

有価証券の売買をおこなう場合、一般的には証券会社に取引口座を開き、電話やインターネットを介しておこないます。代金は、証券会社に開設した顧客口座を通してやり取りされます。

例題25

資料から、有価証券売却の仕訳処理を入力しましょう。なお、証券会社に対する取引手数料はかからないものとする。(購入価額については、元帳から調べます)

(!) 元帳(会計帳票 - 1.元帳 - 1.元帳)で有価証券の入力済みデータを確認しましょう。

有価証券売買計算書

顧客名:OBCアートステンレス工業様　　　　　　　　　　　　　　　　　X / 3 / XX

約定日	受渡日	銘　柄	売/買	数　量	単　価	金　額
×/3/25	×/×/××	シマダ造船	売	5,000	1,920	9,600,000

HL証券

4-7 前払費用、長期前払費用

　前払費用とは、継続して役務（サービス）の提供を受けている場合に、まだ提供を受けていない役務（サービス）に対して支払った代金のことです。

◆借入保証料

　借入の際、借入申込者の返済能力、担保の状況等の事情から、信用保証協会等の信用保証契約が付随することがあります。この場合、借入金額や返済期間に応じて保証料を借入時に支払います。この支払保証料は経費となりますが、期間に応じた費用の繰り延べ処理の対象となります。

例題26

決算処理として、資料から借入金AおよびBにかかる保証料について振替処理の入力をしましょう。

❗ 補助科目内訳表で、前払費用と長期前払費用について集計し、状況を確認しましょう。

	借入金A	借入金B	借入金C
借　入　先	青山銀行	青山銀行	青山銀行
借　入　日	（前々期）4月6日	（前期）6月8日	（今期）11月1日
借　入　額	200,000,000	50,000,000	20,000,000
借入期間/返済回数	10年/120回	6年/72回	5年/60回
保　証　料　率	1.25％	0.9％	0.9％
保　証　料　総　額	2,500,000	450,000	180,000
期　首　前　払　費　用	250,000	75,000	－
期首長期前払費用	1,750,000	312,500	－
決　算　振　替　対　象　額	250,000	75,000	－

4-8 買掛金（仕入・外注）

営業取引により発生した取引先に対する未払分を買掛金勘定で処理します。商品や原材料などの仕入代金の他、外注加工費や電気、ガス等まで買掛金勘定で処理することもあります。

①掛け取引

仕入先や外注先との間で、仕入計上基準（入庫基準、検収基準）、締め日、支払日、決済方法などの取引条件にもとづいて、取引がおこなわれます。

②請求書

例題27

資料にもとづき、3月分の仕入、外注加工費の仕訳処理を入力しましょう。

補助科目内訳表で買掛金の集計結果を確認後、
元帳（会計帳票）から買掛金を指定して入力済みデータを確認しましょう。

東商非鉄㈱	ハネハ鋼材㈱	OBC鋼板販売㈱	大東研磨塗装工業㈱	ISI工業㈱
材料仕入	材料仕入	材料仕入	外注加工	外注加工
5,474,406	6,137,092	6,412,203	6,901,135	5,899,540

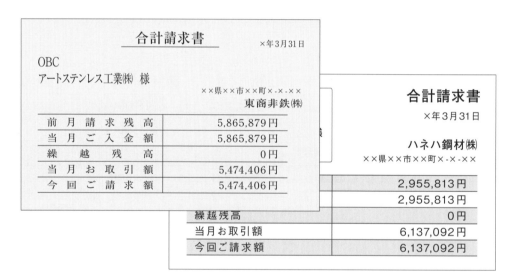

合計請求書 ×年3月31日

OBC
アートステンレス工業㈱ 様

××県××市××町×-×-××
東商非鉄㈱

前 月 請 求 残 高	5,865,879円
当 月 ご 入 金 額	5,865,879円
繰 越 残 高	0円
当 月 お 取 引 額	5,474,406円
今 回 ご 請 求 額	5,474,406円

合計請求書 ×年3月31日

ハネハ鋼材㈱

××県××市××町×-×-××

	2,955,813円
	2,955,813円
繰越残高	0円
当月お取引額	6,137,092円
今回ご請求額	6,137,092円

請求明細書 ×年3月31日締め分

OBCアートステンレス工業㈱様

OBC鋼板販売㈱
××県××市××町×-×-××

前月請求残高	当月ご入金額	繰越残高	当月お取引額	今回ご請求額
2,837,023円	2,837,023円	0円	6,412,203円	6,412,203円

日付	伝票番号	品名	数量	単位	単価	金額	備考
3／5	xxx	xxx xxx xxx xxx xxx	xxx	x	xxxxxx	xxxxxx	
	xxx	xxx xxx xxx xxx xxx	xxx	x	xxxxxx	xxxxxx	
	xxx	xxx xxx xxx xxx xxx	xxx	x	xxxxxx	xxxxxx	

③決済

支払条件に応じて、現金、小切手、振込、手形等によって決済します。

振込については、《4-3-①》普通預金を参照。

小切手振出については、《4-3-②》当座預金を参照

手形の裏書については、《4-5-②》手形の裏書譲渡を参照。

4-9 未払金

①労働保険料

参照：148ページ（第4章 4-2-⑥）

労災保険は、従業員が業務中または通勤時に災害にあった場合、雇用保険は、従業員が失業した場合などに給付がおこなわれるもので、この2つを合わせて「労働保険」と呼びます。役員は原則として被保険者にはなれません。

保険料は、年度当初に概算で申告・納付し、翌年度の確定申告の際、前年度の精算および当年度の概算申告をします。

概算保険料が、40万円以上の場合、3回の分割納付が可能です。納付期限は、5月20日、8月31日、11月30日。

雇用保険料の従業員負担額は、毎月の賃金から徴収されます。

保 険 の 種 類	保険料負担・保険料率	取扱場所
雇 用 保 険	事業主・従業員それぞれの比率で負担 一般事業の場合　事業主　　6/1000 　　　　　　　　被保険者　3/1000	ハローワーク （公共職業安定所）
労 災 保 険	全額事業主負担 保険料率は事業の種類による	労働基準監督署

例題28

年度末にあたり、労働保険料の確定計算をおこなった結果、概算納付額との差額は、計上不足7,963円であり、未払費用を計上する。

その内訳は、次のとおりです。適切に追加入力しましょう。

・営業部門　　527円（法定福利費(730)で処理）

・製造部門　5,548円（法定福利費(647)で処理）

・従業員分　1,888円（立替金(180)で処理）

②社会保険料

　健康保険（介護保険を含む）、厚生年金保険は、従業員とその家族が病気、ケガ、出産、死亡、または高齢になったときなどに保険給付がおこなわれるもので、2つを合わせて「社会保険」と呼びます。経営者や役員も被保険者となります。

　健康保険は、就労形態の違いによって、職域保険と、地域保険（国民健康保険）の2つに大別され、職域保険は、事業主が組合を設立して運営する組合管掌健康保険と厚生労働省所管により設立された全国健康保険協会が運営する協会管掌健康保険があります。

　社会保険料は、毎月の給料から徴収される従業員負担分と事業主負担分を翌月末に事業主の預金口座から自動引き落としにより納入されます。

保険の種類	保険料負担	取扱場所
健康保険（介護保険を含む）	事業主・従業員折半	協会けんぽまたは年金事務所
厚生年金保険	事業主・従業員折半	年金事務所

例題29

3月31日に青山銀行普通預金口座から引き落とされた社会保険料は、2,210,553円であった。
内、従業員預り前月分は、1,091,748円、前月未払い計上事業主負担分は、1,118,805円。適切に仕訳処理をおこないましょう。

!) 補助科目内訳表で未払費用の2月分を集計し、社会保険料の入力済みデータを確認しましょう。

青山銀行	普通預金			
年 月 日	お取引内容	お支払金額	お預り金額	差引残高
×-3-31	社会保険料	2,210,553		21,786,333

例題30

4月に納入となる3月分社会保険料の事業主負担額は、次のとおりです。
未払計上の仕訳処理をおこないましょう。

・営業部門　　765,025円
・製造部門　　353,780円
・合　　計　1,118,805円

!) 補助科目内訳表で未払費用の2月分を集計し、社会保険料の入力済みデータを確認しましょう。

③その他の未払金

請求書にもとづき支払をしている取引は、発生主義の観点から適切に会計処理をおこないましょう。

例題31

資料を参考に、3月の未払金清算内容を適切に仕訳処理をおこないましょう。

ただし、小切手振出分については、《4-3-②》当座預金にて処理済である。

⚠ 補助科目内訳表で未払金の1～3月分を集計後、各補助科目の入力済みデータを確認しましょう。

●3月の支払内容

取引先名	拝島梱包運送	のぞみ商会	力石文具店
	《4-3-②》当座預金にて処理済		

取引先名	電力会社		
取引内容	本社電気代	工場電気代	工場動力代
取引金額	386,726円	275,580円	626,519円
支払日等	3月10日 普通預金口座振替	3月12日 普通預金口座振替	3月20日 普通預金口座振替

取引先名	ガス会社		水道局	
取引内容	本社ガス代	工場ガス代	本社水道代	工場水道代
取引金額	59,639円	39,214円	54,194円	237,603円
支払日等	3月25日 普通預金口座振替	3月25日 普通預金口座振替	3月30日 普通預金口座振替	3月30日 普通預金口座振替

取引先名	クレジットカード
取引内容	2月分
取引金額	104,820円
支払日等	3月25日 普通預金口座振替

例題32

資料を参考に、3月の未払金を適切に仕訳処理をおこないましょう。

⚠ 補助科目内訳表で未払金の2月分を集計後、各補助科目の入力済みデータを確認しましょう。

●3月の未払内容

取引先名	拝島梱包運送	力石文具店	のぞみ商会			
取引内容	運送料	文具事務用品	本社・消耗品	工場・消耗品	消耗工具費	合計
取引金額	3,040,748円	138,759円	271,162円	230,464円	215,911円	717,537円

取引先名	電力会社			ガス代	
取引内容	本社電気代	工場電気代	工場動力代	本社ガス代	工場ガス代
取引金額	341,032円	251,730円	695,235円	71,834円	37,444円

クレジットカード　利用明細
×年3月31日

OBCアートステンレス工業様

日　付	摘　要	金額
×年3月9日	飲食代　ガーデンアフリカ	24,300
×年3月9日	ゴルフプレーフィー　ツインパインCC	28,800
×年3月18日	ゴルフプレーフィー　サザンポールCC	32,000
×年3月22日	飲食代　クラブきりしま	39,000
×年3月31日	通行料（ETC）当月分	38,610
	合計金額	162,710

※領収証は、個々に確認ができていることとする。

4-10 借入金

　血液ともいえる資金の調達は企業経営において、不可欠ともいえる最も重要な事柄です。手形割引や新株・社債の発行なども資金調達の方法ですが、金融機関などからの借入は資金調達の一般的な方法です。しかし、無計画な借入が経営を圧迫したり、短期的資金調達の失敗から黒字倒産という事態を招いたりします。借入には、一時払いの返済方法をとる手形借入と分割払いの証書借入があります。分割払いには、元金均等と元利金等の2種類があり、金利には変動金利と固定金利の2種類があります。

①返済予定表

　借入金の返済予定表は、金融機関から発行されます。変動金利とした場合は、金利の変動の都度、更新された内容で再発行されます。

例題33

借入金3口の今期3月の借入返済に関する取引について、仕訳処理を入力しましょう。
返済は、普通預金からの口座振替になっています。

●借入金A

借入金ご返済予定表

借入額	200,000,000	借入日	(第13期)4月6日
返済回数	120	返済方式	元金均等
月額返済元金	1,666,000	利率(年)	固定　2.125%
最終回元金	1,746,000	備考	

	返済日	元金	利息	合計	残高
今期	XX/01/10	1,666,000	264,741	1,930,741	145,022,000
	XX/02/10	1,666,000	261,734	1,927,734	143,356,000
	XX/03/10	1,666,000	233,689	1,899,689	141,690,000
来期	XX/02/10	1,666,000	225,653	1,891,653	123,364,000
	XX/03/10	1,666,000	201,100	1,867,100	121,698,000

●借入金B

借入金ご返済予定表

借入額	50,000,000	借入日	(第14期)6月8日
返済回数	72	返済方式	元金均等
月額返済元金	694,000	利率(年)	固定　2.300%
最終回元金	726,000	備考	

	返済日	元金	利息	合計	残高
今期	XX/01/5	694,000	73,269	767,269	36,814,000
	XX/02/5	694,000	71,913	765,913	36,120,000
	XX/03/5	694,000	63,729	757,729	35,426,000
来期	XX/02/5	694,000	55,645	749,645	27,792,000
	XX/03/5	694,000	49,035	743,035	27,098,000

●借入金C

借入金ご返済予定表

借入額	20,000,000	借入日	(今期)11月1日
返済回数	60	返済方式	元金均等
月額返済元金	333,000	利率（年）	固定　2.350%
最終回元金	353,000	備考	3ヶ月据置

	返済日	元金	利息	合計	残高
今期	XX/11/ 1		0	0	20,000,000
	XX/11/30		37,342	37,342	20,000,000
	XX/12/31		39,917	39,917	20,000,000
	XX/01/31		39,917	39,917	20,000,000
	XX/02/28	333,000	36,054	369,054	19,667,000
	XX/03/31	333,000	39,253	372,253	19,334,000
来期	XX/02/28	333,000	28,851	361,851	15,671,000
	XX/03/31	333,000	31,277	364,277	15,338,000

②流動固定分類

　貸借対照表の流動・固定計上を区分する基準として、基本となる1年基準と補足となる正常営業循環基準があります。

- ・一　年　基　準：貸借対照表日の翌日から起算して1年以内に回収または費用化される資産を流動資産、支払期限の到来する負債を流動負債とし、1年を超える資産、負債を固定資産、固定負債として区分する基準。

- ・正常営業循環基準：通常の営業活動の中で現金化あるいは収益・費用化される資産・負債を流動資産（流動負債）とするルール。（売掛金・買掛金など）

例題34

例題33の資料にもとづいて、決算処理として、1年内返済予定長期借入金について、その金額を算出し短期借入金への振替処理をおこないましょう。

4-11 役員報酬と給与

　労働基準法上、「労働の対償として使用者が労働者に支払うもの」が「賃金」であり、「賃金は、毎月1回以上、一定の期日を定めて支払わなければならない」と規定されています。賃金は、一般的に、「給料」「給与」「月給」「俸給」「賞与」とも言われ、社会保険上の「報酬」、所得税法上の「所得」とほぼ同義です。労務供給契約には、雇用、請負、委任の3種類があります。

- ・雇 用 契 約：使用者の指揮命令に従って、労務に服することを内容とした契約、使用者に従属して業務を遂行
- ・請 負 契 約：注文者と請負者との間で、仕事の完成を目的に交わされる契約
- ・委 任 契 約：委任者から依頼された事務を処理することが目的で交わされる契約、注文者から独立して業務を遂行
- ・業務委託契約：業務遂行を目的とした委任契約の一つ

　会社の役員は、委任契約です。会社法第330条

①給与支給

　給与の締切日、支給日は、会社ごとの給与規定にもとづき運用されます。

例題35

3月25日の給与の振込について、次ページの給与一覧を参考に仕訳処理を入力しましょう。
会計処理については、入力済みのデータを参照すること。

青山銀行		普通預金		
年 月 日	お取引内容	お支払金額	お預り金額	差引残高
×-3-25	総合振込	7,075,219		18,625,018

②給与一覧表

3月度の給与一覧表は、次のとおりです。

3月度給与		課税支給合計	非課税支給合計	支給合計	社会保険料	雇用保険料	所得税	住民税	控除合計	差引支給合計
001	馬場慎之介	1,000,000	0	1,000,000	113,717		88,652	61,200	263,569	736,431
002	大川卓夫	900,000	0	900,000	98,016		64,640	50,500	213,156	686,844
003	緒方善憲	800,000	0	800,000	96,272		59,380	46,800	202,452	597,548
004	近藤圭一郎	400,000	0	400,000	0		85,700	0	85,700	314,300
005	田口康和	850,000	0	850,000	104,994		60,630	43,200	208,824	641,176
101	吉原雅也	750,000	12,400	762,400	70,335	2,287	8,570	42,200	123,392	639,008
102	武田正宏	360,000	13,420	373,420	65,846	1,120	9,840	12,200	89,006	284,414
103	藤間君子	309,600	9,620	319,220	42,300	957	6,530	13,400	63,187	256,033
104	永井勝利	320,400	8,840	329,240	45,120	987	5,780	11,700	63,587	265,653
105	中尾あゆみ	256,000	4,450	260,450	33,840	781	5,130	10,400	50,151	210,299
106	秋津加代子	242,000	6,400	248,400	31,020	745	4,340	9,800	45,905	202,495
営業部門小計		6,188,000	55,130	6,243,130	701,460	6,877	399,192	301,400	1,408,929	4,834,201
201	青木慶二	218,350	7,280	225,630	28,200	676	3,700	8,400	40,976	184,654
202	津田康子	115,400	6,840	122,240	16,638	366	290	0	17,294	104,946
301	早川弘行	418,100	3,680	421,780	57,810	1,265	8,190	15,300	82,565	339,215
302	玉岡博一	339,500	14,200	353,700	50,760	1,061	5,010	9,600	66,431	287,269
303	青山浩一	315,000	7,680	322,680	45,120	968	7,610	13,400	67,098	255,582
304	小島和雄	299,000	12,300	311,300	45,120	933	6,960	12,400	65,413	245,887
305	山形和仁	245,100	12,600	257,700	36,660	773	5,200	9,900	52,533	205,167
306	飯倉昇治	244,600	8,600	253,200	36,660	759	5,340	9,800	52,559	200,641
307	佐藤優	270,900	16,720	287,620	39,480	862	7,280	11,200	58,822	228,798
308	小野久雄	224,250	12,920	237,170	33,840	711	5,560	8,200	48,311	188,859
製造部門小計		2,690,200	102,820	2,793,020	390,288	8,374	55,140	98,200	552,002	2,241,018
総　合　計		8,878,200	157,950	9,036,150	1,091,748	15,251	454,332	399,600	1,960,931	7,075,219

※課税支給総合計8,878,200円の内訳は、役員報酬が3,900,000円、給料手当が2,288,000円、賃金が2,690,200円です。
※非課税支給は、通勤費です。

棚卸

　製造業の場合、費用はその内容に応じて営業費と製造原価に区分されます。製造原価は、製造原価報告書という形式で報告されます。製造原価報告書に厳格なひな型はなく、全部原価計算を前提として、各企業の判断に委ねられています。原価計算によって、正確に製品原価を求めることは期間損益計算上不可欠です。製造原価報告書で集計された当期製品製造原価が損益計算書の売上原価に転記され、これに製品棚卸高の調整計算をして当期の売上原価が算定されます。

例題36

棚卸合計表にもとづいて、棚卸振替の仕訳処理を入力しましょう。

棚卸合計表
×年3月31日

材料	2,107,922円
仕掛品	0円
製品	12,546,946円

 減価償却費

例題37

決算処理として、減価償却一覧表を資料に、減価償却の仕訳処理を入力しましょう。

減価償却費一覧　＝×年度＝
自 ×年4月1日　至 ×年3月31日

勘定科目	取得価額	当期償却額	一般経費	製造経費
建物	36,000,000	1,101,600	330,480	771,120
附属設備	13,350,000	644,805	416,755	228,050
構築物	3,400,000	139,344	139,344	0
機械装置	83,544,000	5,280,531	0	5,280,531
車両運搬具	13,350,000	1,482,975	1,482,975	0
工具器具備品	61,958,851	15,876,275	738,468	15,137,807
合　計	211,602,851	24,525,530	3,108,022	21,417,508

減価償却費一覧　＝月次決算用＝
×年3月度

勘定科目	取得価額	当月償却額	販売管理費	製造原価
建物	36,000,000	91,800	27,540	64,260
附属設備	13,350,000	53,753	34,747	19,006
構築物	3,400,000	11,612	11,612	0
機械装置	83,544,000	568,457	0	568,457
車両運搬具	13,350,000	123,606	123,606	0
工具器具備品	61,958,851	1,987,810	61,539	1,926,271
合　計	211,602,851	2,837,038	259,044	2,577,994

4-14 税金

　国家や地方公共団体の維持運営に資するため、租税制度があります。個人に対して所得税や住民税があるのと同様、会社（法人）にも同様の課税がおこなわれています。

①法人税

参照：153ページ（第4章 5-2-①）

　国が法人の事業活動に対して、事業年度において得た所得を基準に課税する税金です。

　事業年度終了後、原則として2カ月以内に会社の確定決算の当期純利益金額を基準に調整をおこなって法人の所得金額を計算し、法人税額を算出します。

　法人税額が20万円を超えると、翌期に法人税の中間申告と納付をする必要があります。仮決算による中間申告に代えて、前事業年度の法人税額の1/2を予定納税する方法もできます。

例題38

決算にあたり、当期の法人税は、次のとおりです。未払計上の仕訳を入力しましょう。

法人税納付確定額	542,500円

（借方）法人税等／（貸方）未払法人税等

②法人住民税、法人事業税

参照：154～155ページ（第4章 5-2-②、③）

国家同様、地方公共団体も法人の事業活動に対して課税します。

法人住民税は、都道府県民税と市町村民税があり、それぞれ所得に応じた所得割り分と規模に応じた均等割りの合計となります。

法人事業税は、都道府県が課税団体であり、所得割、付加価値割、資本割の合計となり、加えて、地方法人特別税があります。法人税同様に、法人住民税・法人事業税も中間申告または予定申告があります。

例題39

決算にあたり、当期の法人住民税、法人事業税は、次のとおりです。未払計上の仕訳を入力しましょう。

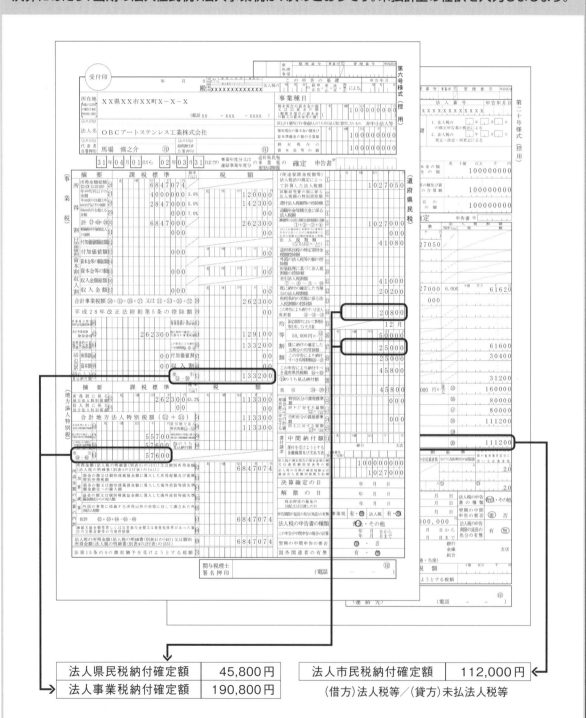

| 法人県民税納付確定額 | 45,800円 | 法人市民税納付確定額 | 112,000円 |
| 法人事業税納付確定額 | 190,800円 | | |

（借方）法人税等／（貸方）未払法人税等

③消費税

参照：155ページ（第4章 5-2-④）

　法人および個人の事業者がおこなう商品の販売やサービスの提供を課税の対象として、取引金額の8％が税金となります。

事業者は、売上時に預った消費税から仕入時に支払った消費税を差し引いて納付します。消費税自体は、最終的に消費者が負担しており、納付は事業者がおこなっています。このように、負担者と納付者が異なる税金を間接税といい、同一の税金を直接税といいます。

例題40

決算にあたり、当期の消費税は、次のとおりです。未払計上の仕訳を入力しましょう。

消費税納付確定額	2,540,800円

（借方）租税公課／（貸方）未払消費税

④所得税

参照：148ページ（第4章 4-2-⑦）

　所得税とは、個人の所得に課税される税金をいいます。税率は、累進税率となっています。徴収方式は、源泉徴収方式と申告納税方式があります。役員や従業員に対する給与や賞与は源泉徴収方式となっており、この所得税を源泉所得税と呼び、人を雇って給与を支払う場合には、この源泉徴収の義務を負います。

　源泉徴収した所得税は、12月に年末調整で精算します。年末調整とは、1月1日から12月31日までの1年間に生じた所得を合計し、各種人的控除をおこなった後の課税所得に対し、税率を乗じて当年度の納めるべき所得税額を確定し、毎月の給与や賞与から源泉徴収をした所得税の合計額との差額を精算するものです。

例題41

資料にもとづき、源泉所得税の納付に関する仕訳処理を入力しましょう。

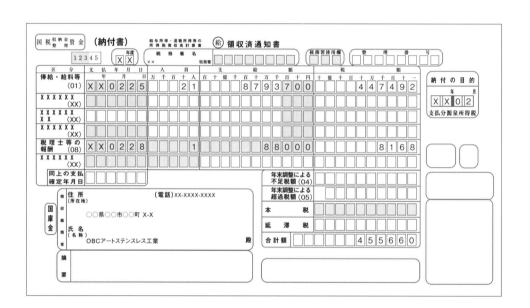

青山銀行	普通預金			
年 月 日	お取引内容	お支払金額	お預り金額	差引残高
x-3-10	税金	455,660		20,553,645

⑤住民税

参照：150ページ（第4章 4-2-⑨）

法人と同じく、個人に対して、道府県民税と市町村民税があります。個人の場合、道府県民税は原則として市町村民税として市町村が一括して賦課徴収します。徴収方式には、普通徴収と特別徴収があります。特別徴収とした場合は、従業員の住民税を会社が給料から天引きして一旦預り、後日、市区町村ごとにまとめて納付します。

例題42

資料にもとづき、住民税の納付に関する仕訳処理を入力しましょう。
・2月分徴収の住民税総額　399,600円

青山銀行		普通預金			
年　月　日	お取引内容		お支払金額	お預り金額	差引残高
×-3-10	税金		399,600		20,154,045

⑥印紙税その他

- ・印　紙　税：国税の一種で、印紙税法に定められた課税文書を作成する場合には、印紙の貼付義務を負います。課税文書には、契約書や手形、領収書などがあり、取引金額等によって、印紙税額は変わります。

- ・固定資産税：毎年1月1日現在において、土地・家屋等を所有している者に対し、市町村が課税する地方税の一種です。

- ・償却資産税：固定資産税の一種で、毎年1月1日現在において、会社や個人事業主が所有している事業用の構築物・機械・器具備品などの償却資産に対し課税します。

- ・自動車税：毎年4月1日現在において、自動車を所有している者に対し、市町村が課税する地方税の一種です。自動車の取得の際には、自動車取得税および自動車重量税が賦課徴収されます。

4-15 仕訳解答例

例題	No.	日付	借方科目	借方金額	貸方科目	貸方金額	摘　要
	1	03/01	会議費	2,370	現金	2,370	打ち合わせ 喫茶代
	2	03/03	旅費交通費	7,580	現金	7,580	タクシー代
	3	03/05	通信費	430	現金	430	郵送料
	4	03/05	会議費	1,800	現金	1,800	打ち合わせ 喫茶代
	5	03/09	通信費	250	現金	250	郵送料
	6	03/09	旅費交通費	1,450	現金	1,450	タクシー代
	7	03/09	リース料	2,640	現金	2,640	フロアーマット リース料
	8	03/10	会議費	2,940	現金	2,940	打ち合わせ 喫茶代
	9	03/10	[製]福利厚生費	1,880	現金	1,880	お茶代 山北茶
	10	03/10	[製]福利厚生費	1,760	現金	1,760	残業食事代 藪北そば
	11	03/10	福利厚生費	940	現金	940	お茶代 山北茶
	12	03/11	会議費	2,650	現金	2,650	打ち合わせ 喫茶代
	13	03/14	会議費	1,340	現金	1,340	打ち合わせ 喫茶代
	14	03/16	[製]福利厚生費	1,880	現金	1,880	残業食事代 藪北そば
	15	03/18	旅費交通費	5,290	現金	5,290	タクシー代
	16	03/18	[製]福利厚生費	1,620	現金	1,620	残業食事代 藪北そば
	17	03/20	修繕費	107,100	現金	107,100	車検費用 スズキオート
12	18	03/20	租税公課	81,680	現金	81,680	車検 自動車税等
	19	03/20	会議費	1,260	現金	1,260	打ち合わせ 喫茶代
	20	03/21	[製]福利厚生費	1,840	現金	1,840	残業食事代 藪北そば
	21	03/22	通信費	310	現金	310	郵送料
	22	03/22	新聞図書費	7,500	現金	7,500	書籍代 学芸堂
	23	03/23	通信費	26,286	現金	26,286	国際電話通信サービス 振込
	24	03/23	旅費交通費	1,140	現金	1,140	タクシー代
	25	03/23	諸会費	6,000	現金	6,000	町内会費 7-3月
	26	03/23	会議費	1,050	現金	1,050	打ち合わせ 喫茶代
	27	03/23	[製]福利厚生費	1,650	現金	1,650	残業食事代 藪北そば
	28	03/25	新聞図書費	1,048	現金	1,048	書籍代 教徳社
	29	03/28	会議費	880	現金	880	打ち合わせ 喫茶代
	30	03/28	[製]福利厚生費	1,680	現金	1,680	残業食事代 藪北そば
	31	03/29	会議費	1,620	現金	1,620	打ち合わせ 喫茶代
	32	03/30	通信費	1,600	現金	1,600	切手代
	33	03/30	旅費交通費	1,700	現金	1,700	タクシー代
	34	03/30	新聞図書費	3,700	現金	3,700	業界新聞 当月分
	35	03/30	会議費	1,190	現金	1,190	打ち合わせ 喫茶代
	36	03/31	旅費交通費	30,550	現金	30,550	駐車料 当月分清算
	37	03/05	賃借料	129,600	普通預金/青山銀行	129,600	倉庫代 利根不動産商会 振替
	38	03/08	通信費	2,200	普通預金/青山銀行	2,200	ネットバンクサービス料 振替
	39	03/10	定期積金	100,000	普通預金/青山銀行	100,000	積金振替
			定期預金/青山銀行	2,000,000	定期積金	2,400,000	定期積金 満期振替
	40	03/10	普通預金/青山銀行	401,800	雑収入	2,117	定期積金 満期振替
			租税公課	317		0	定期積金 満期 源泉所得税 国税
	41	03/15	定期積金	50,000	普通預金/青山銀行	50,000	積金振替
	42	03/21	通信費	29,921	普通預金/青山銀行	29,921	電話代 振替
	43	03/21	[製]通信費	13,849	普通預金/青山銀行	13,849	電話代 振替
13	44	03/22	リース料	12,960	普通預金/青山銀行	12,960	コピー リース 振替
	45	03/23	保険料	42,000	普通預金/青山銀行	162,000	賠償責任保険 ブラザー損保 振替
			保険積立金	120,000		0	賠償責任保険 ブラザー損保 振替
	46	03/27	通信費	6,840	普通預金/青山銀行	6,840	プロバイダーサービス料 振替
	47	03/27	保険料	37,800	普通預金/青山銀行	37,800	自動車保険 ブラザー損保 振替
	48	03/27	リース料	8,800	普通預金/青山銀行	8,800	ビジネスフォン リース 振替
	49	03/30	現金	300,000	普通預金/青山銀行	300,000	引き出し
	50	03/31	通信費	167,395	普通預金/青山銀行	167,395	携帯電話通信料 振替
	51	03/31	支払手数料	51,840	普通預金/青山銀行	51,840	MAT警備保障 当月分
	52	03/31	支払手数料	88,000	普通預金/青山銀行	79,832	和田会計事務所 当月分
14					預り金/所得税	8,168	和田会計事務所 当月分 源泉所得税
	53	03/31	旅費交通費	219,311	普通預金/青山銀行	219,311	太田石油 当月分 振込
	54	03/31	買掛金/ハネハ鋼材㈱	2,955,813	普通預金/青山銀行	2,955,813	ハネハ鋼材 1月分振込
15	55	03/26	当座預金/青山銀行	165,293	現金	165,293	小切手預入 あおぞら建設
例題	No.	日付	借方科目	借方金額	貸方科目	貸方金額	摘　要

2 章

例題	No.	日付	借方科目	借方金額	貸方科目	貸方金額	摘要
16	56	03/31	買掛金/ISI工業㈱	69,000	当座預金/青山銀行	69,000	01223 小切手振出 ISI工業
	57	03/31	買掛金/大東研磨塗装工業㈱	6,448,575	当座預金/青山銀行	6,448,575	01224 小切手振出 大東研磨工業
	58	03/31	未払金/拝島梱包運送㈱	1,339,504	当座預金/青山銀行	1,339,504	01225 小切手振出 拝島梱包運送
	59	03/31	未払金/力石文具店	110,840	当座預金/青山銀行	110,840	01226 小切手振出 力石文具店
	60	03/31	未払金/のぞみ商会	798,135	当座預金/青山銀行	798,135	01227 小切手振出 のぞみ商会
17	61	03/31	売掛金/㈱DIYホームセンター	5,034,881	売上高	5,034,881	DIYホームセンター 当月分売上
	62	03/31	売掛金/㈱あおぞら建設	11,141,370	売上高	11,141,370	あおぞら建設 当月分売上
	63	03/31	売掛金/㈱クレバーホーム	5,443,603	売上高	5,443,603	クレバーホーム 当月分売上
18	64	03/31	売掛金/㈱三律住設	13,122,664	売上高	13,122,664	三律住設 当月分売上
	65	03/31	売掛金/㈱ハンズジャパン	4,883,379	売上高	4,883,379	ハンズジャパン 当月分売上
	66	03/31	売掛金/3Sトレーディング カナダ	2,527,193	売上高	2,527,193	3Sトレーディング 当月分売上
19	67	03/25	現金	165,293	売掛金/㈱あおぞら建設	165,293	小切手受領 あおぞら建設
20	68	03/20	普通預金/青山銀行	6,920,934	売掛金/㈱クレバーホーム	6,920,934	クレバーホーム 振込1月分
	69	03/31	普通預金/青山銀行	3,590,419	売掛金/㈱DIYホームセンター	3,590,419	DIYホームセンター 振込2月分
	70	03/31	普通預金/青山銀行	3,904,083	売掛金/㈱ハンズジャパン	3,904,083	ハンズジャパン 振込2月分
	71	03/31	普通預金/青山銀行	1,996,794	売掛金/3Sトレーディング カナダ	1,979,448	3Sトレーディング 入金2月分
					為替差益	17,346	3Sトレーディング 入金
21					売掛金/㈱三律住設	17,656,968	三律住設 1月分回収
	72	03/15	受取手形/㈱三律住設	5,865,879			手形回収 期日:H×.6.15 三律住設
			受取手形/㈱三律住設	2,837,023			手形回収 期日:H×.6.15 三律住設
			受取手形/㈱三律住設	8,936,410			手形回収 期日:H×.6.15 三律住設
			諸会費	17,656			三律住設 安全協力会会費
	73	03/25			売掛金/㈱あおぞら建設	9,000,430	あおぞら建設 1月分回収
			受取手形/㈱あおぞら建設	6,000,000			手形受領 あおぞら建設 期日H×.5.25
			受取手形/㈱あおぞら建設	3,000,000			手形受領 あおぞら建設 期日H×.5.25
			通信費	430			郵送料 あおぞら建設 手形、小切手受領
22	74	03/31	買掛金/東商非鉄㈱	5,865,879	受取手形/㈱三律住設	5,865,879	手形裏書
	75	03/31	買掛金/OBC鋼板販売㈱	2,837,023	受取手形/㈱三律住設	2,837,023	手形裏書
	76	03/31	買掛金/ISI工業㈱	6,000,000	受取手形/㈱あおぞら建設	6,000,000	手形裏書
23	77	03/30	当座預金/青山銀行	10,170,867	受取手形/㈱三律住設	10,196,988	手形割引 三律住設 期日4.15
			手形売却損	26,121			手形割引 三律住設 期日4.15
24	78	03/31	当座預金/青山銀行	11,000,000	受取手形/㈱あおぞら建設	11,000,000	手形期日取立 あおぞら建設
25	79	03/25	預け金	9,600,000	有価証券	9,360,000	株式売却 シマダ造船 5000株 @1920
					有価証券売却益	240,000	株式売却 シマダ造船 5000株 @1920
26	80	03/31	支払手数料	250,000	前払費用/保証協会-借入A	250,000	保証料 振替
			支払手数料	75,000	前払費用/保証協会-借入B	75,000	保証料 振替
			前払費用/保証協会-借入A	250,000	長期前払費用/保証協会-借入A	250,000	保証料 振替
			前払費用/保証協会-借入B	75,000	長期前払費用/保証協会-借入B	75,000	保証料 振替
27	81	03/31	[製]原材料仕入高	5,474,406	買掛金/東商非鉄	5,474,406	東商非鉄 当月分仕入高
	82	03/31	[製]原材料仕入高	6,137,092	買掛金/ハネハ鋼材㈱	6,137,092	ハネハ鋼材 当月分仕入高
	83	03/31	[製]原材料仕入高	6,412,203	買掛金/OBC鋼板販売	6,412,203	OBC鋼板販売 当月分仕入高
	84	03/31	[製]外注加工費	6,901,135	買掛金/大東研磨塗装工業㈱	6,901,135	大東研磨工業 当月分外注費
	85	03/31	[製]外注加工費	5,899,540	買掛金/ISI工業㈱	5,899,540	ISI工業 当月分外注費
28	86	03/31			未払金/労働保険料	7,963	労働保険料 確定差額
			法定福利費	527			労働保険料 確定差額
			[製]法定福利費	5,548			労働保険料 確定差額
			立替金/雇用保険料	1,888			雇用保険料 確定差額
29	87	03/31	預り金/社会保険料	1,091,748	普通預金/青山銀行	2,210,553	社会保険料 振替
			未払金/社会保険料	1,118,805			社会保険料 振替
30	88	03/31	法定福利費	765,025	未払金/社会保険料	1,118,805	社会保険料 会社負担額
			[製]法定福利費	353,780			社会保険料 会社負担額
31	89	03/10	未払金/電気代	386,726	普通預金/青山銀行	386,726	本社電気代 振替
	90	03/12	未払金/電気代	275,580	普通預金/青山銀行	275,580	工場電気代 振替
	91	03/20	未払金/電気代	626,519	普通預金/青山銀行	626,519	動力代 振替
	92	03/25	未払金/ガス代	59,639	普通預金/青山銀行	59,639	本社ガス代 振替
	93	03/25	未払金/ガス代	39,214	普通預金/青山銀行	39,214	工場ガス代 振替
	94	03/30	未払金/水道代	54,194	普通預金/青山銀行	54,194	本社水道代 振替
	95	03/30	未払金/水道代	237,603	普通預金/青山銀行	237,603	工場水道代 振替
	96	03/25	未払金/クレジットカード	104,820	普通預金/青山銀行	104,820	クレジットカード 決済

	No.	日付	借方科目	金額	貸方科目	金額	摘要
32	97	03/31	運賃	3,040,748	未払金/拝島梱包運送㈱	3,040,748	拝島梱包運送 当月分
	98	03/31	事務用品費	138,759	未払金/力石文具店	138,759	力石文具店 当月分
	99	03/31	消耗品費	271,162	未払金/のぞみ商会	717,537	のぞみ商会 当月分
			[製]消耗品費	230,464			のぞみ商会 当月分
			[製]消耗工具費	215,911			のぞみ商会 当月分
	100	03/31	水道光熱費	341,032	未払金/電気代	341,032	本社電気代 当月分
	101	03/31	[製]水道光熱費	251,730	未払金/電気代	251,730	工場電気代 当月分
	102	03/31	[製]水道光熱費	695,235	未払金/電気代	695,235	動力代 当月分
	103	03/31	水道光熱費	71,834	未払金/ガス代	71,834	本社ガス代 当月分
	104	03/31	[製]水道光熱費	37,444	未払金/ガス代	37,444	工場ガス代 当月分
	105	03/09	交際費	24,300	未払金/クレジットカード	24,300	接待飲食代 ガーデンアフリカ
	106	03/09	交際費	28,800	未払金/クレジットカード	28,800	ゴルフプレーフィー ツインパインCC
	107	03/18	交際費	32,000	未払金/クレジットカード	32,000	ゴルフプレーフィー サザンポールCC
	108	03/22	交際費	39,000	未払金/クレジットカード	39,000	接待飲食代 クラブきりしま
	109	03/31	旅費交通費	38,610	未払金/クレジットカード	38,610	通行料(ETC) 当月分
33	110	03/10	短期借入金/青山銀行 長借A	1,666,000	普通預金/青山銀行	1,899,689	借入返済A 青山銀行
			支払利息	233,689			借入利息A 青山銀行
	111	03/05	短期借入金/青山銀行長借B	694,000	普通預金/青山銀行	757,729	借入返済B 青山銀行
			支払利息	63,729			借入利息B 青山銀行
	112	03/31	短期借入金/青山銀行 長借C	333,000	普通預金/青山銀行	372,253	借入返済C 青山銀行
			支払利息	39,253			借入利息C 青山銀行
34	113	03/31	長期借入金/青山銀行 借入A	19,992,000	短期借入金/青山銀行 長借A	19,992,000	一年内長期借入金 振替
			長期借入金/青山銀行 借入B	8,328,000	短期借入金/青山銀行 長借B	8,328,000	一年内長期借入金 振替
			長期借入金/青山銀行 借入C	3,996,000	短期借入金/青山銀行長借C	3,996,000	一年内長期借入金 振替
35	114	03/25	役員報酬	3,900,000	預り金/社会保険料	1,097,748	3月度給与
			給料手当	2,621,750	立替金/雇用保険料	15,251	3月度給与
			旅費交通費	69,250	預り金/所得税	454,332	3月度給与
			[製]賃金	2,356,450	預り金/住民税	399,600	3月度給与
			[製]旅費交通費	88,700	普通預金/青山銀行	7,212,614	3月度給与
36	115	03/1	期末製品棚卸高	8,660,676	製品	8,660,676	月初製品棚卸高 振替
			[製]期末原材料棚卸高	1,204,129	原材料	1,204,129	月初材料棚卸高 振替
	116	03/31	製品	12,546,946	期末製品棚卸高	12,546,946	月末製品棚卸高 振替
			原材料	2,107,922	[製]期末原材料棚卸高	2,107,922	月末材料棚卸高 振替
37	117	03/31	減価償却費	259,044	減価償却累計額	259,044	当月分減価償却費
			[製]減価償却費	2,577,994	減価償却累計額	2,577,994	当月分減価償却費
38	118	03/31	法人税等	542,500	未払法人税等	542,500	法人税 確定額
39	119	03/31	法人税等	45,800	未払法人税等	45,800	法人県民税 確定額
	120	03/31	法人税等	190,800	未払法人税等	190,800	法人市民税 確定額
	121	03/31	法人税等	111,200	未払事業税	111,200	法人事業税 確定額
40	122	03/31	租税公課	2,540,800	未払消費税	2,540,800	消費税 確定額
41	123	03/10	預り金/所得税	455,660	普通預金/青山銀行	455,660	源泉所得税 納付
42	124	03/10	預り金/住民税	399,600	普通預金/青山銀行	399,600	住民税 納付

第3章 企業の現状分析と経営計画

Chapter 3

　企業の現在の状況を把握し、将来へ向けての経営計画をどのように策定していくのか。という経営課題は、企業の成長と発展に不可欠です。そのためには、現在の支払能力と安全性、そして収益性や成長性を分析したうえで向かう方向性と方針を決めなければなりません。また、短期利益計画の策定やプロジェクト評価、事業部の収益性を検討するためには、損益分岐点分析を利用しながら管理会計分野の情報が必要になります。

　このように企業では、財務と収益に関する構造分析を通して戦略を立案し、資金計画によって実現可能なものにしていくことが求められています。

　この章は、まさに、企業が将来へ向けての舵取りに必要なIT技術と知識の習得が目標です。OBCホームページからダウンロードした（P194参照）「OBCアートステンレス工業株式会社　第3-5章」を開き、学習を進めてください。

① 財務の状況

企業経営の意思決定をするためには、企業の状況について理解する必要があります。会計データから企業の財務構造を把握することは、将来に向けて企業を成長させるために不可欠な手続きです。私たちが、健康診断によって日常生活を考え直すことと同じように、財務分析により現状を把握し、明日の経営活動の方針を決定することが大切です。

1-1 貸借対照表

企業は、労働力、商品の仕入れ、または、製品（サービス）を作り出すための材料、設備、情報などを整えるために資金を集めます。そして、ニーズのある品、サービスを提供してより多くの資金を回収し、さらに良いものを提供して成長していきます。

貸借対照表は、一定時点における資金の調達先と使い方（運用の形態）を説明した報告書です。

①貸借対照表の構造

＜貸借対照表（Balance Seat）＞

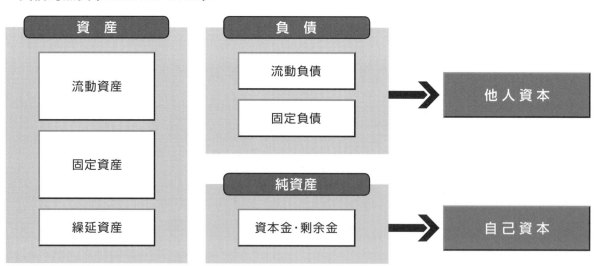

流 動 資 産	売掛金や棚卸商品などのように営業の過程にある資産や決算日から1年以内に現金化される資産です。
固 定 資 産	建物、備品、車両、土地などのように1年を超えて営業活動のために所有、または投資している資産です。
繰 延 資 産	期間ごとの損益計算を比較する目的から支出の効果が数期間に及ぶときに計上する資産で、実体のない資産です。

流　動　負　債	営業の過程で発生する買掛金や決算日から1年以内に返済期限が到来する借入金などの負債です。
固　定　負　債	決算日から1年を超えて返済期限が到来する長期の借入金や社債などの負債です。
純　資　産	株主から出資を受けた資本金、資本準備金や資本金を元に営業活動によって得た利益である利益剰余金などの株主資本と、それ以外の評価・換算差額や新株予約権です。

資金の調達源泉から2つに分類することができます。

他　人　資　本	負債は、他人から調達した資金であり、金利の支払いや将来に返済期限が到来する資金です。
自　己　資　本	純資産は、株主から払い込まれた資本と企業が稼いだ利益なので、返済する必要がない資金です。しかし、株主は、当然に配当を期待しています。

②貸借対照表の出力例

OBCアートステンレス工業株式会社の3月分貸借対照表を出力してみましょう。

●流動資産

科目名	繰越残高	借方	貸方	残高
現金	321,638	465,293	481,897	305,034
現金計	321,638	465,293	481,897	305,034
当座預金	1,209,957	21,336,160	8,766,054	13,780,063
普通預金	23,883,449	16,814,030	19,283,399	21,414,080
定期預金	100,600,000	2,000,000	0	102,600,000
定期積金	4,450,000	150,000	2,400,000	2,200,000
預金計	130,143,406	40,300,190	30,449,453	139,994,143
現金及び預金計	130,465,044	40,765,483	30,931,350	140,299,177
受取手形	44,572,219	26,639,312	35,899,890	35,311,641
売掛金	74,887,952	42,153,090	43,217,575	73,823,467
有価証券	9,360,000	0	9,360,000	0
当座資産計	259,285,215	109,557,885	119,408,815	249,434,285
製品	8,660,676	12,546,946	8,660,676	12,546,946
原材料	1,204,129	2,107,922	1,204,129	2,107,922
棚卸資産計	9,864,805	14,654,868	9,864,805	14,654,868
前払費用	361,000	325,000	325,000	361,000
預け金	0	9,600,000	0	9,600,000
立替金	13,363	1,888	15,251	0
その他の流動資産	374,363	9,926,888	340,251	9,961,000
流動資産計	269,524,383	134,139,641	129,613,871	274,050,153

●固定資産

科目名	繰越残高	借方	貸方	残高
建物	36,000,000	0	0	36,000,000
建物付属設備	13,350,000	0	0	13,350,000
構築物	3,400,000	0	0	3,400,000
機械及び装置	83,544,000	0	0	83,544,000
車両運搬具	13,350,000	0	0	13,350,000
工具器具備品	61,958,851	0	0	61,958,851
減価償却累計額	-111,451,865	0	2,837,038	-114,288,903
有形固定資産計	100,150,986	0	2,837,038	97,313,948
無形固定資産計	0	0	0	0
投資有価証券	5,100,000	0	0	5,100,000
長期前払費用	2,191,500	0	325,000	1,866,500
保険積立金	0	120,000	0	120,000
差入保証金	400,000	0	0	400,000
投資その他の資産計	7,691,500	120,000	325,000	7,486,500
固定資産計	107,842,486	120,000	3,162,038	104,800,448
繰延資産計	0	0	0	0
資産合計	377,366,869	134,259,641	132,775,909	378,850,601

●流動負債と固定負債

科目名	繰越残高	借方	貸方	残高
買掛金	24,176,290	24,176,290	30,824,376	30,824,376
短期借入金	2,693,000	2,693,000	32,316,000	32,316,000
未払金	4,032,774	4,032,774	5,457,029	5,457,029
未払費用	1,118,805	1,118,805	1,126,768	1,126,768
未払法人税等	0	0	890,300	890,300
未払消費税	0	0	2,540,800	2,540,800
預り金	1,947,008	1,947,008	1,953,848	1,953,848
流動負債計	33,967,877	33,967,877	75,109,121	75,109,121
長期借入金	196,450,000	32,316,000	0	164,134,000
固定負債計	196,450,000	32,316,000	0	164,134,000
負債合計	230,417,877	66,283,877	75,109,121	239,243,121

●純資産

科目名	繰越残高	借方	貸方	残高
資本金	100,000,000	0	0	100,000,000
新株式申込証拠金	0	0	0	0
資本準備金	0	0	0	0
その他資本剰余金	0	0	0	0
資本剰余金	0	0	0	0
利益準備金	0	0	0	0
別途積立金	20,000,000	0	0	20,000,000
繰越利益剰余金	26,948,992	7,341,512	0	19,607,480
その他利益剰余金計	46,948,992	7,341,512	0	39,607,480
利益剰余金	46,948,992	7,341,512	0	39,607,480
自己株式	0	0	0	0
自己株式申込証拠金	0	0	0	0
株主資本計	146,948,992	7,341,512	0	139,607,480
その他有価証券評価差額金	0	0	0	0
繰延ヘッジ損益	0	0	0	0
土地再評価差額金	0	0	0	0
評価・換算差額等	0	0	0	0
新株予約権	0	0	0	0
純資産合計	146,948,992	7,341,512	0	139,607,480
負債純資産合計	377,366,869	73,625,389	75,109,121	378,850,601

　財務会計ソフト「勘定奉行i10」から出力した貸借対照表です。資産、負債、純資産の順に表示されています。左側に期首残高欄があり、借方の金額合計、貸方の金額合計、そして期末残高が表示されています。期中に増加した金額と減少した金額が勘定科目ごとに表示されていますので、確認してみましょう。集計された数値データを会計情報として有用な経営情報に置き換える力が求められています。

1-2 企業の支払能力と安全性

　企業の短期的な支払能力や安全性を調べるには、いくつかの指標があります。流動資産と1年以内に返済しなければならない流動負債の割合や株主から出資を受けた金額と固定資産に投資した金額の割合を調べます。

①流動比率

　短期の支払能力を調べるには、流動負債に対して流動資産がどのくらいの大きさかを調べます。つぎの式により簡単に求めることができます。

$$流動比率（\%） = \frac{流動資産}{流動負債} \times 100$$

　つまり、流動資産が流動負債を上回っていれば、100％以上になります。大きければ、大きいほど返済能力があると判断できます。支払能力は、企業の安全性のひとつです。

②当座比率

　流動資産には、受取手形や売掛金などのように、比較的に短期で現金化できるものと棚卸商品や所有している材料のように現金化に時間がかかるものがあります。

　そこで、すぐに現金に換えられる資産である当座資産と流動負債の割合を調べることで、当面の支払能力を分析することができます。当座資産とは、現金、1年以内に満期が到来する預金、当座預金、そして売掛金、受取手形、有価証券などが含まれます。

　つぎの式により簡単に求めることができます。

$$当座比率（\%） = \frac{当座資産}{流動負債} \times 100$$

　なお、企業の当座資産に不良債権が含まれていると現金化が難しくなります。売掛金や受取手形などの取引先の状態も重要です。

③固定比率

　固定資産は、建物や土地などのように営業活動のために長期的に所有して利用する資産です。この固定資産と株主から出資された資本（自己資本）の割合を調べることで、固定資産へ投下している資金調達の状況が把握できます。

つぎの式により簡単に求めることができます。

$$固定比率（\%） = \frac{固定資産}{自己資本} \times 100$$

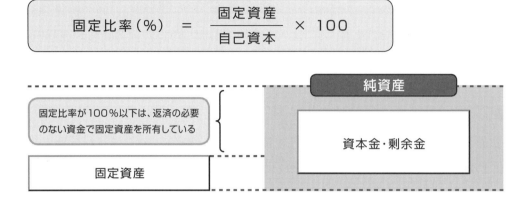

固定比率が100％を超えているということは、固定資産を所有するにあたり自己資本だけでなく、借入金等によっていることを表しています。つまり、利息を支払いながら固定資産を利用していることになります。当然、100％以下が望ましいですが、業種や業態によっては設備投資が必要な場合もあり、固定比率だけが問題になるものではありません。利益との関係を調べる必要があります。

④自己資本比率（株主資本比率）

総資本（他人資本と自己資本）に対する自己資本の割合を調べることで、企業の安定性を把握することができます。他人資本は、利息の支払いが発生するとともに返済しなければならない資金です。自己資本の割合が高いほど安定した経営をおこなうことができます。

つぎの式により簡単に求めることができます。

$$自己資本比率（\%） = \frac{自己資本}{総資本} \times 100$$

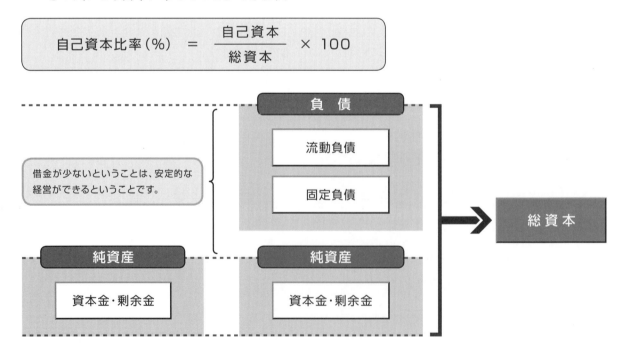

また、企業が稼ぎ出した利益のうち、配当や税金を支払った後に残った剰余金の大きさは、これまでの収益力の現れと見ることができます。総資本のうち、どれだけの割合で剰余金があるのかも大切な指標になります。

1-3 損益計算書

損益計算書は、一定の期間を区切って収益と費用を集計、対応させて利益を計算します。損益計算書には区分ごとに意味の違う4つの利益があり、期間ごとに利益の比較を重視しています。したがって、企業の経営成績についてその状況を報告する決算書です。

①損益計算書の構造

＜損益計算書（Profit and Loss Statement）＞

売上総利益：売上高から販売した商品、製品の原価を差し引いた利益で、粗利益（あらりえき）とも言います。商品の仕入原価、製品の製造原価の構成比率がわかります。

営業利益：売上総利益から販売のための諸経費を差し引いた利益です。売上を上げるために、販売活動の費用や企業の管理費が多く発生すると利益を生み出すことができません。

経常利益：借入金の利息や有価証券の運用損益などの日常的な損益を加減算した結果の利益で、企業の経営活動の業績を示しています。

売 上 原 価	仕入れた商品原価のうち、販売した商品の原価です。また、製造した製品の製造原価のうち、販売した製品の製造原価を売上原価といいます。考え方の計算式は、下記の通りです。 売上原価＝期首商品棚卸高＋当期商品仕入高－期末商品棚卸高
販売費及び 一般管理費	給与などの人件費や荷造発送費、旅費交通費などの販売活動にかかる諸費用と水道光熱費や消耗品費などの管理費も含まれます。
営 業 外 収 益	有価証券の運用益や売却益、預金の受取利息や配当金などの営業活動以外で日常的に発生する収益項目です。
営 業 外 費 用	借入金の支払利息や有価証券の運用損、売却損などの費用項目です。
特 別 利 益	臨時的に発生した固定資産の売却益や前期の修正に伴って発生した利益項目です。
特 別 損 失	営業活動とはまったく関係しない項目で、臨時的に発生した費用、損失で固定資産売却損などを含みます。

②損益計算書の出力例

OBCアートステンレス工業株式会社の3月分損益計算書を出力してみましょう。

合 計 残 高 試 算 表

自 ××年 3月 1日 至 ××年 3月 31日

OBCアートステンレス工業株式会社

【税込】
(単位：円)

科目名	繰越残高	借方	貸方	残高
売上高	755,110,326	0	42,153,090	797,263,416
純売上高	755,110,326	0	42,153,090	797,263,416
期首製品棚卸高	16,357,241	0	0	16,357,241
当期製品製造原価	584,304,669	38,867,920	2,107,922	621,064,667
期末製品棚卸高	8,660,676	8,660,676	12,546,946	12,546,946
売上原価	592,001,234	47,528,596	14,654,868	624,874,962
売上総利益	163,109,092	0	9,279,362	172,388,454
運賃	23,598,538	3,040,748	0	26,639,286
交際費	1,409,730	124,100	0	1,533,830
役員報酬	42,900,000	3,900,000	0	46,800,000
給料手当	31,581,150	2,621,750	0	34,202,900
法定福利費	9,251,525	765,552	0	10,017,077
福利厚生費	99,860	940	0	100,800
旅費交通費	5,793,253	374,881	0	6,168,134
通信費	3,292,135	235,662	0	3,527,797
消耗品費	1,390,799	271,162	0	1,661,961
事務用品費	1,700,538	138,759	0	1,839,297
水道光熱費	5,599,551	412,866	0	6,012,417
保険料	910,800	79,800	0	990,600
修繕費	265,125	107,100	0	372,225
新聞図書費	83,145	12,248	0	95,393
賃借料	1,425,600	129,600	0	1,555,200
支払手数料	1,718,240	464,840	0	2,183,080
諸会費	328,602	23,656	0	352,258
会議費	188,230	17,100	0	205,330
租税公課	6,866,267	2,622,797	0	9,489,064
減価償却費	2,848,978	259,044	0	3,108,022
支払リース料	270,992	24,640	0	295,632
販売費及び一般管理費計	141,523,058	15,627,245	0	157,150,303
営業利益	21,586,034	6,347,883	0	15,238,151
受取利息	40	0	0	40
為替差益	0	0	17,346	17,346
有価証券売却益	126,000	0	240,000	366,000
雑収入	62,526	0	2,117	64,643
営業外収益	188,566	0	259,463	448,029
支払利息	4,017,140	336,671	0	4,353,811
手形譲渡損	1,153,597	26,121	0	1,179,718
為替差損	125,681	0	0	125,681
有価証券売却損	2,366,800	0	0	2,366,800
営業外費用	7,663,218	362,792	0	8,026,010
経常利益	14,111,382	6,451,212	0	7,660,170
特別利益	0	0	0	0
特別損失	0	0	0	0
税引前当期純利益	14,111,382	6,451,212	0	7,660,170
法人税等	870,000	890,300	0	1,760,300
法人税等	870,000	890,300	0	1,760,300
当期純利益	13,241,382	7,341,512	0	5,899,870

1-4 企業の収益力

　企業の収益力を分析する場合、売上高に対してどのくらいの費用が発生し、その結果として利益がいくら算定されたかを調べる方法があります。また、調達した資本をどのように運用して利益をあげたかを調べる方法があります。売上高と利益の関係を「売上高利益率」、資本と利益の関係を「資本利益率」と呼びます。

①売上高と利益の関係

　売上高と利益の関係を意味する売上高利益率は、分子にそれぞれの利益、分母は売上高の金額とします。つまり、売上高のうち、どのくらいの割合が利益として算定されているかを示す指標です。

●売上高総利益率：売上高に対する売上総利益の割合を示しています。

$$売上高総利益率（\%）＝\frac{売上総利益}{売上高}×100$$

［1－売上高総利益率］は、売上高原価率と呼ばれ、売上高に対する売上原価の割合を示します。

●売上高営業利益率：売上高に対する営業利益の割合を示しています。

$$売上高営業利益率（\%）＝\frac{営業利益}{売上高}×100$$

［売上高総利益率－営業利益率］は、売上総利益から販売費および一般管理費を差し引いた営業利益の割合を示しているので、売上高にたいする販売費および一般管理費の割合を示します。

●売上高経常利益率：売上高に対する経常利益の割合を示しています。

$$売上高経常利益率（\%）＝\frac{経常利益}{売上高}×100$$

●売上高当期純利益率：売上高に対する当期純利益の割合を示しています。

$$売上高当期純利益率（\%）＝\frac{当期純利益}{売上高}×100$$

当期純利益は、経常利益から特別損益を加減算し、さらに法人税等を差し引いた最終的な当期の利益を示しています。

②調達した資本と利益の関係

　資本と利益の関係を示す資本利益率は、企業が調達した資金を効率よく運用して、どのくらいの利益を上げているかを示した指標です。つまり、少ない資本で、より多くの利益を算定しているかを調べることができます。企業経営の総合的な効率や収益性を判断することができます。

　資本利益率は、分子にそれぞれの利益、分母は資本の金額とします。つまり、投下した資本に対してどのくらいの割合が利益として算定されているかを示す指標です。利益は、売上高利益率と同じように各段階での利益額、そして分母の資本は他人資本と自己資本を合算した総資本（総資産）、または自己資本（株主資本）の金額により計算します。

●総資本営業利益率：総資本に対する営業利益の割合を示しています。

$$総資本営業利益率（\%）＝\frac{営業利益}{総資本}\times 100$$

●総資本経常利益率：総資本に対する経常利益の割合を示しています。

$$総資本経常利益率（\%）＝\frac{経常利益}{総資本}\times 100$$

総資本経常利益率は、「ROA」：Return on Assetと呼ばれ、企業の財産を使用してどのくらいの利益を算出したかという意味で、経営者にとって重要な指標になります。

●総資本当期純利益率：総資本に対する当期純利益の割合を示しています。

$$総資本当期純利益率（\%）＝\frac{当期純利益}{総資木}\times 100$$

　分母の総資本を自己資本（株主資本）に替えることで、自己資本経常利益率や自己資本当期純利益率を計算することができます。自己資本当期純利益率は、株主資本利益率：ROE（Return on Equity）と呼ばれ、税引き後の当期純利益を自己資本（株主資本）で割った数値で、株主に対して多くの利益を提供できるかどうかを表す指標です。

　また、総資本または自己資本の金額については、期末の残高で計算する場合や期首残高と期末残高の平均値で計算する場合があります。

③資本の運用と効率性

　資本の活用度を示す指標に資本回転率があります。少ない資本で大きな売上高を生み出すことができれば資本を効率よく利用したといえるわけです。資本に対する売上高の割合を示し、分子に売上高、分母は資本の金額とします。つまり、一会計期間に資本の何倍の売上高をあげることができたか、資本を何回転させたかを示す指標です。

●総資本回転率：資本に対する売上高の割合で、総資本の活用度を表すことができる。

$$総資本回転率（回）＝\frac{売上高}{総資本}×100$$

総資本に替わって自己資本（株主資本）を利用することで、自己資本回転率（株主資本回転率）が計算できる。

　さて、いくら売上高が高くてもその利益率が低ければ効率よく資本を利用したとはいえません。そこで、次のように式を分解してその要因を確認します。

$$総資本経常利益率（\%）＝\frac{経常利益}{売上高}×100　×　\frac{売上高}{総資本}$$

$$＝売上高経常利益率（\%）×総資本回転率（回）$$

　つまり、利幅を確保して資本の効率的な運用が重要であり、収益性を高める要素がこの式で理解することができます。

④財務レバレッジ

　レバレッジとは、「てこ」のことです。「てこ」の原理は、小さい力で大きなものを動かすことです。自己資本比率と収益性の関係を分析する指標で、自己資本が少なくても他人資本（借入金）によって資金を調達して大きな利益を上げていることを「レバレッジ効果がある。」と呼びます。式で表せば、自己資本（株主資本）比率の逆数になります。

$$財務レバレッジ＝\frac{総資本}{自己（株主）資本}$$

　景気（外部環境）によっては、売上高を上げるために他人資本も利用して収益性を上げることも必要であることを意味しています。つまり、借入金利子が低ければ、借入金によって総資本の総額を上げてもうけをだすということです。

1-5 企業の生産性

　企業が人、もの、金などを効率よく投入して、どれだけ新しく価値を付け加えて収益をあげたのかを示す尺度を生産性と呼びます。基本的な考え方として、分子に「産出」、分母は「投入」したそれぞれの数値とします。つまり、「産出」には正味の生産高として「付加価値」、「投入」には労働力や資本などです。分母に労働が用いられる場合には、労働生産性になります。

①生産の効率と付加価値

　付加価値の計算例としては、生産高（売上高）から材料など他社で生産した財貨、サービスの価値を差し引いて計算する控除法と損益計算書の項目から新しく価値を付け加えたものとして、当期純利益や人件費などを合算していく加算法（集計法）などがあります。

●控除法

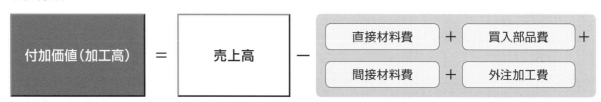

●加算法（集計法）

②労働生産性

　生産性の分析では、分子に売上高や付加価値、そして当期の従業員者数の平均値を分母として計算することで、年間で従業員1人あたりどれだけの売上高や付加価値を上げているのかを分析します。

$$1人あたりの売上高 = \frac{売上高}{平均従業員数}$$

$$1人あたりの付加価値 = \frac{付加価値}{平均従業員数}$$

労働生産性を示す指標である「1人あたりの付加価値」は、従業員ひとり1人がどれほどの付加価値をあげたかを表しています。また、次のように式を分解することができます。

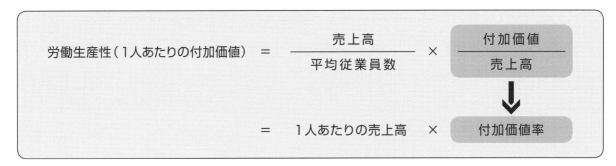

付加価値率とは、どのくらい付加価値の高い商品、サービスを提供しているかを表す指標で、売上高に対する付加価値の割合、すなわち売上高1円あたりの付加価値の金額を示しています。つまり、1人あたりの売上高を上げ、かつ、高い付加価値の商品、サービスを提供することで、労働生産性を高めることができます。

1-6 企業の成長性

企業の成長性は、ある年度の数値を基準にして各年度のデータを対比することでその伸び率を表す指標です。基準年度を常に前年度とする場合は、対前年比を計算することができます。また、基準年度を固定すれば、長期的な傾向を調べることができます。

前年度を常に基準にして売上高や利益の伸び率を計算した数値に、売上高増加率（伸び率）や経常利益増加率（伸び率）があります。前年度比の伸び率がマイナスになった場合は、▲マークを付けることが一般的です。

●売上高増加率（伸び率）：前年度の売上高に対する当期売上高の増加額の割合を表した指標です。

$$
売上高増加率（伸び率）[\%] = \frac{当期の売上高 - 前期の売上高}{前期の売上高} \times 100
$$

●経常利益増加率（伸び率）：前年度の経常利益に対する当期経常利益の増加額の割合を表した指標です。

$$
経常利益増加率（伸び率）[\%] = \frac{当期の経常利益 - 前期の経常利益}{前期の経常利益} \times 100
$$

1-7　勘定奉行による分析

　勘定奉行では、収益性分析、流動性分析、生産性分析の3つを調べることができます。比率は、当期及び過去5年間の年次、当期・前期の月次、そして当期・前期の半期・四半期の推移表形式と展開表形式の2通りの形式で表示します。

①「経営分析設定画面」の設定

　経営分析の条件設定画面で下記の内容を設定します。正しい分析結果を得るためには、この設定画面で適切な条件を設定する必要があります。

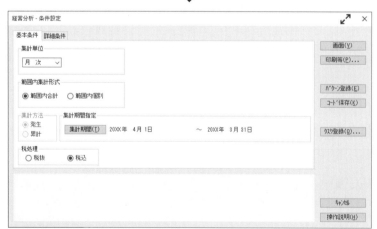

① 【集計対象】グループ

集計のもとになる対象を「全社」「部門」「グループ」の中から選択します。

② 【集計期間】グループ

集計対象期間を「当期」「前期」「年次」「半期」「四半期」の中から選択します。「当期」「前期」の場合は、【月範囲】ボタンを押して集計月を選択します。

③ 【月範囲集計形式】グループ

【集計期間】グループで「当期」または「前期」を選択した場合に、【月範囲】ボタンを押して指定した集計期間について「範囲内合計」にするか、「範囲内個別」にするかを選択します。ただし、【集計期間】グループで「年次」「半期」「四半期」を選択した場合には、月範囲集計形式は選択できません。

範囲内合計	範囲指定した月ごとの金額を合算します。
範囲内個別	範囲指定した月を1月ずつ集計します。

④ 【集計ベース（損益・製造科目）】グループ

【集計期間】グループで「当期」「前期」「半期」「四半期」を選択した場合に、集計方法を「発生」「累計」から選択します。

ただし、【月範囲集計形式】グループで「範囲内合計」を選択した場合には、「発生」となります。また、【集計期間】グループで「年次」を選択した場合には、集計ベースは選択できません。また、この選択では損益科目と製造科目の場合のみ反映されます。貸借科目については、いずれの指定であっても必ず「累計」で集計されます。

⑤ 【決算月の集計】ドロップダウンリスト

【集計期間】グループで「当期」「前期」「半期」「四半期」を選択した場合に、「第1四半期決算月」「中間決算月」「第3四半期決算月」「決算整理月」の集計方法を「通常月に含め集計」「集計対象外」から選択します。

通常月に含め集計	「第1四半期決算月」の金額を3ヶ月目に、「中間決算月」の金額を6ヶ月目に、「第3四半期決算月」の金額を9ヶ月目に、「決算整理月」の金額を12ヶ月目に含めて集計し表示します。
集計対象外	「第1四半期決算月」「中間決算月」「第3四半期決算月」「決算整理月」の金額は一切集計しません。

⑥ 単位、税処理、社員数、科目設定などを設定して、画面ボタンをクリックします。

②収益性分析

条件を設定して画面ボタンをクリックすると、はじめに収益性の画面になります。収益性とは、資本が利益獲得のためにいかに効率的に運用されたかを示す指標です。

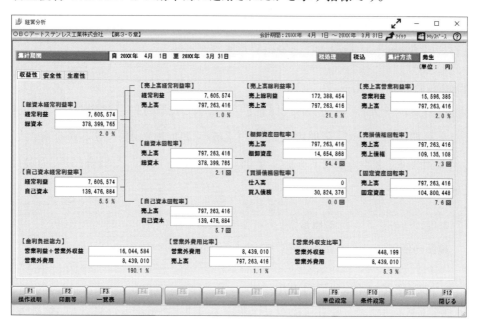

＜勘定奉行で計算されている算式＞	＜内　容＞
総資本経常利益率 ＝ 経常利益÷総資本×100	投下運用された総資本（負債資本合計）が、指定期間内でどれだけの利益を上げたかを示します。
売上高経常利益率 ＝ 経常利益÷売上高×100	収益性を見るときにもっとも重視する比率です。
売上高総利益率 ＝ 売上総利益÷売上高×100	売上高と売上総利益の割合で粗利益率ともいいます。
売上高営業利益率 ＝ 営業利益÷売上高×100	企業の営業力を表す比率です。
金利負担能力 ＝ 　（営業利益＋営業外収益）÷営業外費用×100	企業利益における営業外費用の負担程度を示します。
総資本回転率 ＝ 売上高÷総資本	投下資本の回収速度または利用度を表します。
棚卸資産回転率 ＝ 売上高÷棚卸資産	製品や商品などに投下されている資本の効率を表します。
売掛債権回転率 ＝ 売上高÷（受取手形＋売掛金）	売掛債権の回転効率を示します。
買掛債務回転率 ＝ 仕入高÷（支払手形＋買掛金）	買掛債務の回転効率を示します。

※比率は、表示金額の単位として「千円」「百万円」を選択している場合でも、「円」単位の金額で計算されます。

③安全性分析

安全性タブをクリックして、画面を表示させます。短期安全性は企業の短期的支払能力を分析し、長期安全性は企業が固定資産をどの程度長期資本でまかなっているかを分析します。

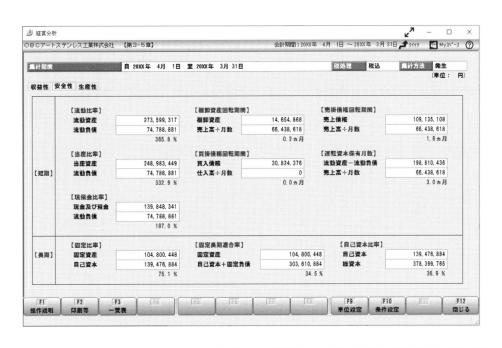

＜勘定奉行で計算されている算式＞	＜内　容＞
流動比率 ＝ 流動資産÷流動負債×100	企業の短期支払能力を示し、200％以上が望ましいです。
当座比率 ＝ 当座資産÷流動負債×100	短期支払能力をより厳密に検討するため、流動資産から棚卸資産等を除いた当座資産を分子としています。100％以上が望ましいです。
現預金比率 ＝ 現預金÷流動負債×100	流動負債を現預金で支払う能力を示す指標です。
棚卸資産回転期間 ＝ 　　　棚卸資産÷（売上高÷集計期間）	棚卸資産を何ヶ月間保有しているかを示す指標です。業種により標準値は異なります。
売掛債権回転期間 ＝ 　（受取手形＋売掛金）÷（売上高÷集計期間）	売掛債権を何ヶ月で回収するかを示す指標です。業種により標準値は異なります。
買掛債務回転期間 ＝ 　（支払手形＋買掛金）÷（仕入高÷集計期間）	買掛債務を何ヶ月で支払うかを示す指標です。業種により標準値は異なります。
固定比率 ＝ 固定資産÷自己資本×100	固定資産が、返済期限のない自己資本（資本合計）でまかなわれている割合を示す指標で、100％以下が望ましいです。
固定長期適合率 ＝ 　固定資産÷（自己資本＋固定負債）×100	固定資産に対する資金源泉として自己資本（資本合計）に固定負債を加え、固定資産に対する投資が、どの程度長期資本でまかなわれているかを示す指標です。
正味運転資本 ＝ 流動資産－流動負債	企業の短期資金余剰を示します。この額が多い程、長期負債をいつでも返済できる態勢にあるということです。

　流動比率は、短期的に支払わなければならない支払義務（流動負債）に対する短期的支払手段（流動資産）の割合で、これが高いほど企業の短期的支払能力が高いことを学びました。

　ただし、流動資産のうちに長期に回収されていない売掛債権や過剰な棚卸在庫が含まれている場合、流動比率がいくら高くても支払能力は高いとは限りません。そこで、棚卸資産を除いた当座比率を調べ、さらに各資産の回転期間を調べて正しい短期流動性を分析する必要があります。

　長期流動性の指標としては、固定比率、固定長期適合率、そして正味運転資本があります。正味運転資本とは、流動資産から流動負債を引いたもので、この値が高いほど長期負債への返済余力があることを表しています。

④生産性分析

生産性ボタンをクリックして、画面を表示させます。生産のために投入された生産活動に関する諸要素が有効に利用されているかどうかの指標です。投入量に対する生産量の割合であることを学びました。

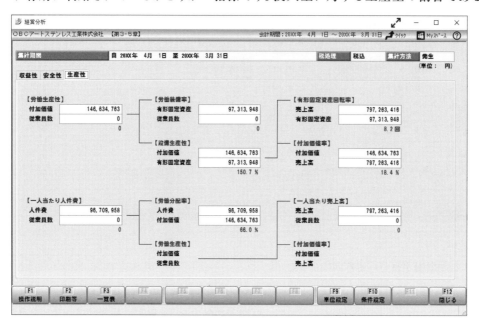

＜勘定奉行で計算されている算式＞	＜内　容＞
労働生産性 ＝ 付加価値÷従業員数	従業員一人当りの粗付加価値額で、一人当たりの生産性を表す指標です。
労働装備率 ＝ 有形固定資産÷従業員数	従業員一人当たりの設備投資金額を表し、設備の省力化・合理化の進み具合を示します。業種により標準値は異なります。
設備生産性 ＝ 付加価値÷有形固定資産×100	設備投資金額当りの生産性を表す指標です。
設備利用度（固定資産回転率） ＝　　売上高÷有形固定資産×100	売上高と有形固定資産との比率で、固定資産の利用効率を表します。
付加価値率 ＝ 付加価値÷売上高×100	売上高のうち、新たに作り出した価値がどのくらいの割合なのかを示し、加工度合いの高さを示します。
一人当たり人件費 ＝ 人件費÷従業員数	一人当たりの人件費を示します。
労働分配率 ＝ 人件費÷付加価値×100	付加価値のうち、労働の対価として配分された人件費の割合を表します。
一人当たり売上高 ＝ 売上高÷従業員数	従業員一人当たりの売上高を示します。

労働生産性は、従業員一人当たり付加価値をどれだけ生み出したのかを表していることを学びました。また、労働生産性は有形固定資産を媒介として、労働装備率と設備生産性に分解されます。

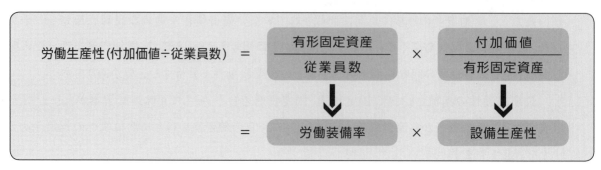

労働装備率は、従業員一人当たりいくらの固定資産（生産設備）を保有しているかを示し、設備生産性は、その生産設備が付加価値の算出にいかに有効に用いられたかを示します。

　さらに、設備生産性は売上高を媒介として、さらに設備利用度と付加価値率に分解できます。

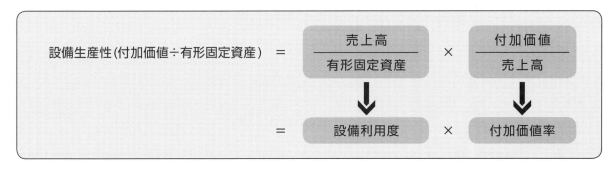

　売上高のうち付加価値がどのくらいの割合を占めるかを表した付加価値率については、すでに学びました。次に、付加価値のうち労働にどのくらい人件費として分配されているのかという指標に労働分配率があります。労働分配率とは、分子に人件費、分母は付加価値として計算されます。つまり、付加価値の金額のうち何パーセント人件費に配分されたかを表しています。

　また、労働分配率は、次のように展開することでその要素を確認することができます。

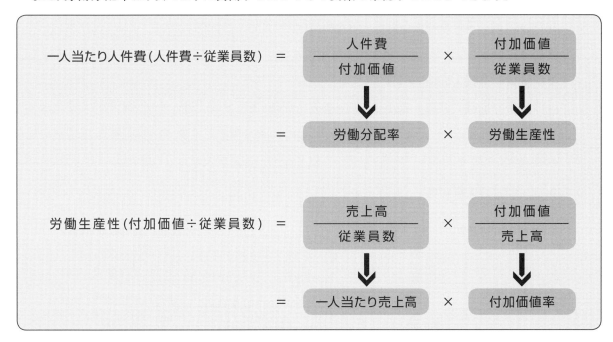

　このように労働生産性の高い会社、労働分配率の高い会社は一人当たり人件費が高くなることがわかります。

　付加価値とは、企業が経営活動を通じて新しく生産した生産物の価値をいい、企業の内部的生産努力の大きさを表すことを学びました。勘定奉行では、集計法（加算法）によって付加価値を計算しています。（100ページ参照）

費用（原価）と利益の状況

生産量（営業量）と費用（原価）と利益の関係を分析する方法に損益分岐点分析があります。損益分岐点とは、収益と費用が等しくなり利益も損失も算定されない、つまり損益が¥0になる売上高、販売量（狭義）のことです。

2-1 短期利益計画

利益計画を策定するにあたり、目標利益を確保するためにはどのくらい製品を販売すればよいか、あるいはどのくらい（費用）原価を引き下げればよいかを分析する必要があります。損益分岐点分析は、生産量（営業量）と費用（原価）と利益の関係を分析することで経営計画の策定に有用な情報を提供することができます。

①売上総利益と貢献利益

利益計画に有用な情報を提供するためには、生産量（売上高・営業量）に対して比例的に変動する変動費と変わることなく一定額発生する固定費に分解して相互関係を調べなければなりません。（変動費と固定費の詳細は159ページ）

報告用の損益計算書で表示されている売上原価、そして販売費および一般管理費を変動費と固定費に分解し、売上高から変動費を差し引いて貢献利益を算定します。貢献利益は、固定費の回収にどれだけ貢献したかを意味しています。その貢献利益から固定費を差し引いて営業利益を算定します。

※貢献利益は限界利益とも呼ばれます。

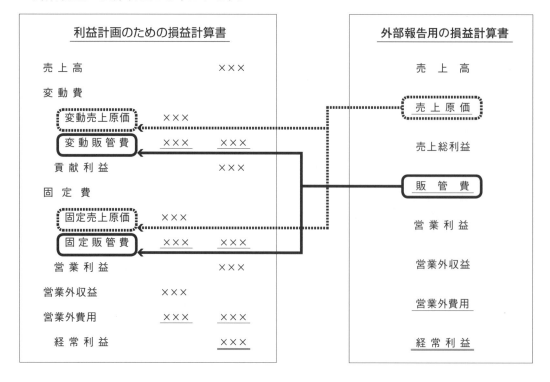

②損益分岐点の販売量と売上高

利益計画用の損益計算書において、利益も損失も算定されない、利益￥0の販売量、売上高が損益分岐点と呼ばれます。

算式にすれば、次のようになります。

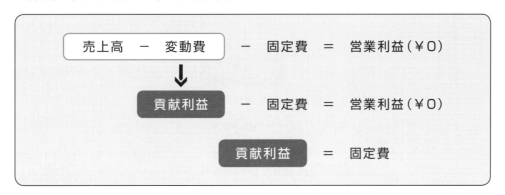

貢献利益が固定費と同額であるとき、営業利益は￥0となって損益分岐点ということになります。

売上高は、販売価格に販売量を乗じたものです。また、全社的な変動費は、単位あたりの（1個あたり）変動費に販売量を乗じたものです。つまり、貢献利益は、単位あたりの（1個あたり）貢献利益に販売量を乗じた結果であることがわかります。

●損益分岐点の販売量

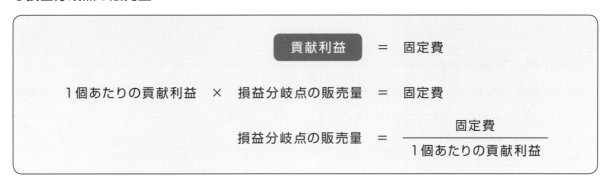

損益分岐点の販売量は、固定費の金額を1個あたりの貢献利益で割ることで求めることができます。

また、損益分岐点の売上高は、販売価格に損益分岐点の販売量を乗じることで求めることができます。

●損益分岐点の売上高

損益分岐点の販売量　×　販売価格　＝　損益分岐点の売上高

③目標利益達成点の販売量と売上高

目標利益を確保するためにはどのくらい製品を販売すればよいかを調べる場合、営業利益に目標利益額を設定して考えてみます。

$$\boxed{売上高 \; - \; 変動費} \; - \; 固定費 \; = \; 目標利益額$$

$$\boxed{貢献利益} \; = \; 固定費 \; + \; 目標利益額$$

$$1個あたりの貢献利益 \; \times \; 目標利益達成点の販売量 \; = \; 固定費 \; + \; 目標利益額$$

$$目標利益達成点の販売量 \; = \; \frac{固定費 \; + \; 目標利益額}{1個あたりの貢献利益}$$

2-2 損益分岐点図表

損益分岐点の分析は、図表により求めることができます。損益分岐点図表は、変動費や固定費と売上高、販売量、損益分岐点や利益の相互関係を表しています。

①損益分岐点図表

損益分岐点図表は、縦軸に売上高、費用（原価）、横軸に販売量や売上高を取ります。右記の損益分岐点図表を説明すれば以下のようになります。

・横軸に平行に固定費の金額が書き込まれています。これを固定費線と呼びます。

・固定費線と縦軸の切片から変動費が書き込まれています。変動費は売上高や販売量に対して比例的に発生し、これを変動費線と呼びます。つまり、この変動費線は、固定費と変動費が加算された金額の直線で、費用（原価）の総額を意味します。したがって、総費用線（総原価線）でもあります。

・原点から右上へ売上高線が書き込まれています。

・総費用線と売上高線の交わる点が損益分岐点の売上高です。

・損益分岐点から左側は、売上高が費用総額に達していませんので損失が発生しています。右側は、売上高が費用総額を超えているので利益が算定されています。

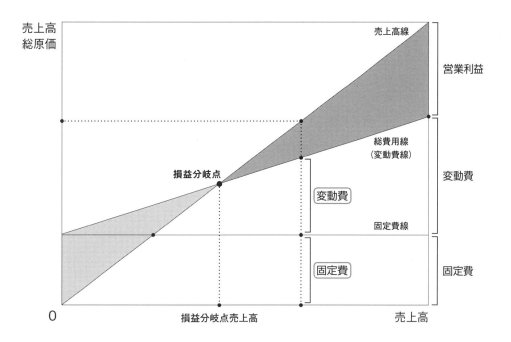

②損益分岐点図表の応用

　上記の損益分岐点図表は、売上高、費用（原価）、利益や損益分岐点の相互関係を示しています。この図表をさらに展開して貢献利益を明示できるようにした図表が次に示すものです。

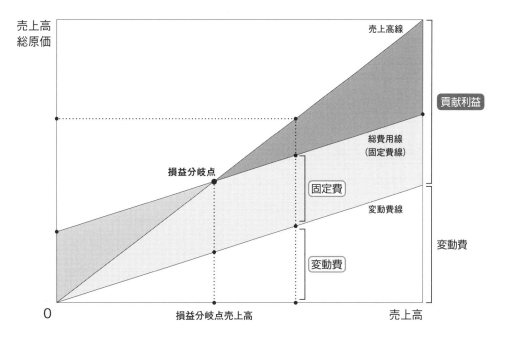

　この損益分岐点図表は、はじめに変動費線を原点から右上へ書き込まれています。その上に平行線として固定費線をのせて作成した図表です。したがって、この固定費線が総費用線でもあります。売上高より変動費を差し引いた部分が貢献利益を示しています。その貢献利益から固定費を差し引いた残りが営業利益です。

　つまり、売上高線と総費用線の交点が損益分岐点で、貢献利益と固定費が同額で利益ゼロの点です。売上高が損益分岐点より左側では、貢献利益で固定費を回収することができずに営業損失が出ます。損益分岐点の右側では貢献利益で固定費を回収し、さらに貢献利益と固定費の差額だけ営業利益が算定されています。

③貢献利益図表

　前記の損益分岐点図表では、いずれも貢献利益の金額が図表の縦軸、横軸で表示することができませんでした。貢献利益の金額を示した図表は、貢献利益図表と呼ばれます。

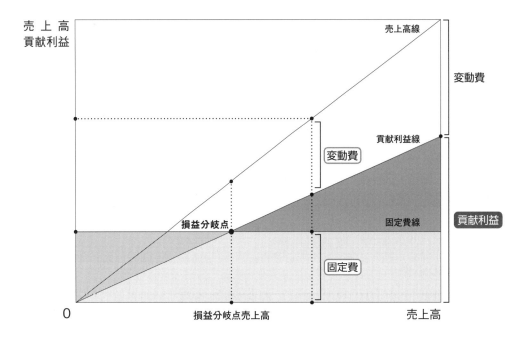

　この貢献利益図表は、原点から右上へ伸びた売上高線と原点からの貢献利益線が書き込まれています。売上高線から下方へ変動費の値を取り、原点から直線を書き込みます。この直線が貢献利益線です。横軸と平行に書き込まれた固定費線と貢献利益線が交わる点が損益分岐点で、貢献利益から固定費を差し引いて営業利益￥0の点です。

④貢献利益率と損益分岐点売上高

　売上高に対する変動費の割合を変動費率、売上高に対する貢献利益の割合を貢献利益率と呼びます。貢献利益図表では、貢献利益線の傾きが貢献利益率を表しています。貢献利益は、売上高から変動費を差し引いた金額ですので、その関係をつぎの式で表すことができます。

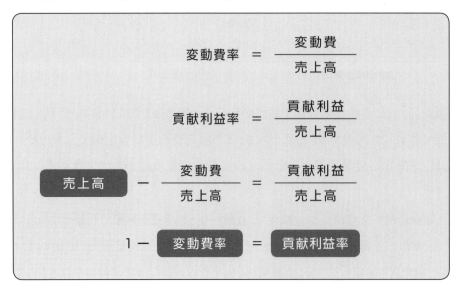

貢献利益率が算定されている場合、売上高に対する貢献利益の割合、つまり、収益率が求められていることになります。そして、企業、またはプロジェクトの固定費の金額が判明すれば、損益分岐点売上高を求めることができます。

つまり、貢献利益から固定費の金額を差し引いて営業利益が￥0ということは、貢献利益と固定費の金額が同額となる点で、その売上高が損益分岐点売上高ということです。

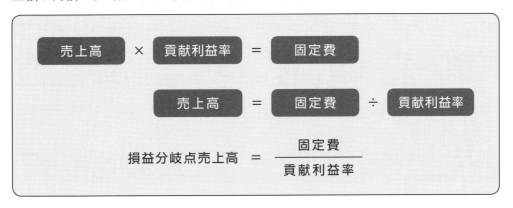

また、貢献利益率が判明している場合、目標営業利益を達成する売上高はつぎの式で求めることができます。

$$損益分岐点売上高 = \frac{固定費 + 目標利益}{貢献利益率}$$

2-3 安全余裕率と損益分岐点比率

安全余裕率とは、現在の売上高の水準が損益分岐点の売上高からどのくらい離れているか。つまり、どの程度、売上高が落ち込んだら損益分岐点を下回ってしまうのかを表しています。

また、損益分岐点比率とは、現在の売上高に対する損益分岐点売上高の位置（割合）を意味しています。つまり、安全余裕率と損益分岐点比率をあわせると「1」になるわけです。

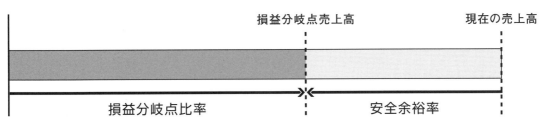

$$安全余裕率（\%） = \frac{現在の売上高 - 損益分岐点売上高}{現在の売上高} \times 100$$

$$損益分岐点比率（\%） = \frac{損益分岐点売上高}{現在の売上高} \times 100$$

勘定奉行では【分析処理】のメニューから損益分岐点分析と作表を表示させることができます。【費用区分設定】メニューで設定した費用区分と売上高の関係を用いて分析します。

【費用区分設定】メニューは、損益計算項目・製造原価項目について費用区分（変動費・固定費）の設定をおこなうメニューで、この設定後に分析をおこないます。

【費用区分設定】メニューでは、費用区分を設定する総勘定科目コードを入力します。[Space]キーを押すか、右クリックをすると【総勘定科目検索】ダイアログ ボックスが開き、登録済コードが参照・選択できます。入力すると総勘定科目が、設定変更可能な科目は自動的に表示されます。【費用区分】ドロップダウンリストで費用区分を「変動費」「固定費」から選択します。

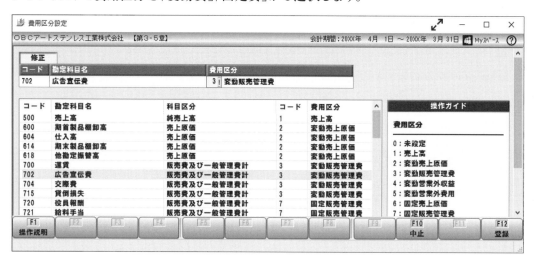

【損益分岐点分析・条件設定】

① 【集計対象】グループ

集計のもとになる対象を「全社」「部門」「グループ」の中から選択します。但し、「部門」あるいは「グループ」が登録されていない場合には、その集計対象は選択できません。

② 【集計期間】

集計対象期間を「当期」「前期」から選択し、

【月範囲】ボタンを押して集計月を指定します。

③ 【決算月の集計】

ドロップダウンリストから選択します。「個別に集計」から他の集計方法に、あるいは他の集計方法から「個別に集計」に変更した場合には、集計月を指定し直して下さい。

通常月に含め集計	「第1四半期決算月」の金額を3ヶ月目に、「中間決算月」の金額を6ヶ月目に、「第3四半期決算月」の金額を9ヶ月目に、「決算整理月」の金額を12ヶ月目に含めて集計し表示します。
集計対象外	「第1四半期決算月」「中間決算月」「第3四半期決算月」「決算整理月」の金額は一切集計しません。
個別に集計	「第1四半期決算月」「中間決算月」「第3四半期決算月」「決算整理月」の金額を個別に集計し単独月として表示します。

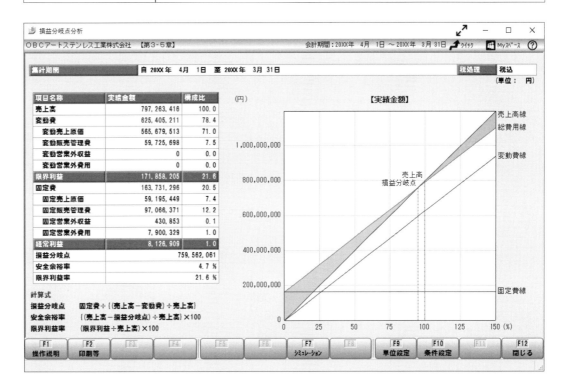

3 資金の状況

損益計算書では「利益」が出ていても、企業の手もとにある資金がなくなり、支払能力を失って営業活動が続けられなくなってしまった倒産を「黒字倒産」と呼びます。

黒字倒産の原因のひとつは、売上や仕入、販売経費を記録・集計しておこなう利益計算と実際の入金、出金の計算が違うことにあります。つまり、「利益」は「収益」-「費用」で計算しますが、「資金」は「収入」-「支出」で計算されるのです。

 損益計算と資金計算

損益計算書は、一定期間（会計期間：通常は1年間）に発生した「収益」と「費用」を対応させることにより企業の経営活動の成果を示す利益、または損失を計算・表示します。一方、資金の計算は、前月から繰越された現金残高に当月の現金収入（＋借入金による資金など）を加算し、当月の支出を差し引いて計算されます。

この違いによって、直近の決算書では利益を算定表示していても、資金繰りが悪化して倒産に陥ることがあります。

①損益計算書と資金計算

損益計算書と資金繰りの計算について、下記の決算書で算定された利益の額と手もと資金の関係について考えてみましょう。

A株式会社　4月の損益計算書		（単位：千円）
売上高		15,700
売上原価		
期首商品棚卸高	5,500	
当期商品仕入高	12,954	
合　計	18,454	
期末商品棚卸高	7,500	10,954
売上総利益		4,746
販売費及び一般管理費		
人件費	1,650	
営業経費	535	
減価償却費	290	
その他の経費	48	2,523
営業利益		2,223
営業外収益		
雑収入		19
営業外費用		
支払利息		6
経常利益		2,236
当期純利益		2,236

A株式会社の4月の損益計算書で、売上高は15,700千円です。仕入高は12,954千円、売上原価10,954千円です。販売費および一般管理費の合計は2,523千円で営業利益が2,223千円算定されていることが集計表示されています。

売上、仕入は現金の場合と掛けの場合があります。仮に売上高15,700千円のうち掛け売上高が半額の7,850千円であり、同様に仕入高12,954千円のうち掛け仕入高が半額の6,477千円であるとした場合、当月の仕入と販売による現金収支差額は1,373千円と計算されます。一方、販売費および一般管理費は現金で支出することが多く、減価償却費を除いた必要な支払資金は2,233千円で、月初の繰越現金残高や当月の売掛金の回収額、買掛金の支払額を考えなければ資金不足になります。(減価償却費について120ページ参照)このように利益を出していても資金繰りが悪化し、借り入れができない場合には営業活動が続けられずに倒産に陥ります。

A株式会社の損益計算書では、売上高は現金の受け取りに関わりなく商品・サービスを得意先に提供したか否かによって計上されます。同様に仕入高12,954千円のうち4月の売上高に対応する費用(売上原価)は10,954千円で、当期に販売された商品に対応する原価が費用として計上されており、現金の支出にもとづくものではありません。さらに、当月に仕入れた商品であっても次月に販売する予定の商品原価は当月の費用になりません。一方、資金計算は当期の売上高に関係することなく、実際に支出した金額です。掛けによる仕入は現金支出がありません。

②貸借対照表と資金計算

貸借対照表は、資金の調達先によって他人資本と自己資本を分類しています。また、資産はその運用の形態によって区分表示されています。固定資産の購入や資金の借り入れ、返済は損益(利益)の計算に関係ないため損益計算書に表示されることはなく、結果として一定時点の財政状態が貸借対照表に表示されます。つまり、月次の貸借対照表では月中の資金収支の内容が表示されていません。

A株式会社 4月の貸借対照表 (単位：千円)

資産	流動資産	
	現金預金	1,951
	売掛金	11,750
	商品	7,500
	固定資産	
	車両	2,000
	備品	500
	減価償却累計額	435
資産合計		23,266
負債	流動負債	
	買掛金	8,900
	短期借入金	2,000
	負債合計	10,900
純資産	資本金	10,000
	剰余金	2,366
	純資産合計	12,366
負債・純資産合計		23,266

3-2 資金繰り表の作成

　資金繰り表は、いくつかの形式があります。その基本形は、①前月からの繰越現金、②当月の現金収入額、③当月の現金支出額、④翌月への繰越現金が表示されている月次資金繰り表です。

①資金の流れ

　資金繰り表は、利益の計算とは別に資金の流れ（収入と支出）について集計、表示したものです。資金の増加する項目と資金が減少する項目を整理し、現金収入額と現金支出額を分類・区分したものが次の資金繰り表です。

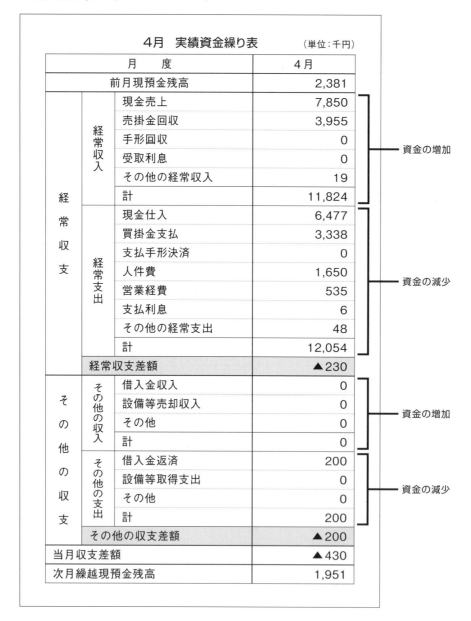

4月　実績資金繰り表　（単位：千円）

月　度			4月	
前月現預金残高			2,381	
経常収支	経常収入	現金売上	7,850	資金の増加
		売掛金回収	3,955	
		手形回収	0	
		受取利息	0	
		その他の経常収入	19	
		計	11,824	
	経常支出	現金仕入	6,477	資金の減少
		買掛金支払	3,338	
		支払手形決済	0	
		人件費	1,650	
		営業経費	535	
		支払利息	6	
		その他の経常支出	48	
		計	12,054	
経常収支差額			▲230	
その他の収支	その他の収入	借入金収入	0	資金の増加
		設備等売却収入	0	
		その他	0	
		計	0	
	その他の支出	借入金返済	200	資金の減少
		設備等取得支出	0	
		その他	0	
		計	200	
その他の収支差額			▲200	
当月収支差額			▲430	
次月繰越現預金残高			1,951	

3章

現金収支は、「経常収支」と「その他の収支」に分類することができます。「経常収支」とは、企業の日々の営業活動から発生する収支項目で、「経常収入」と「経常支出」の差額として「経常収支差額」を求めます。つまり、本業である商品を仕入れ、販売することによりどれだけの資金を生み出すことができるかを表しています。

　「その他の収支」では、将来の利益獲得のためにどれだけ設備投資をしたか、どれだけ外部から資金の調達をしたか、そして返済したかを表しています。

　「その他の収入」と「その他の支出」の差額として「その他の収支差額」を求めます。当月の資金収支の結果である「当月収支差額」は、「経常収支差額」と「その他の収支差額」を合算します。つまり、実績資金繰り表は、本業からの資金収支と投資、財務に関する資金収支を加えることで、企業全体の資金の流れと手もと資金残高を集計、表示しているのです。

---

②実績資金繰り表の作成

　下記に示した5月の営業活動に関する資料から5月の実績資金繰り表を作成してみましょう。

5月の営業活動に関する資料

売上高	18,700 千円 （現金売上 8,550 千円　掛け売上 10,150 千円）
仕入高	11,150 千円 （現金仕入 4,830 千円　掛け仕入 6,320 千円）
人件費	1,540 千円
営業経費	621 千円
その他の経費	55 千円
雑収入	15 千円
支払利息	6 千円
短期の借入金返済	200 千円
前年度の確定法人税等の 未払税金の納付額	210 千円
減価償却費	290 千円
6月の従業員賞与と備品購入のために 長期の借入金	4,000 千円
売掛金の回収額	3,500 千円
買掛金の支払額	3,900 千円

月　　度			4月	5月
前月現預金残高			2,381	1,951
経常収支	経常収入	現金売上	7,850	8,550
		売掛金回収	3,955	3,500
		手形回収	0	0
		受取利息	0	0
		その他の経常収入	19	15
		計	11,824	12,065
	経常支出	現金仕入	6,477	4,830
		買掛金支払	3,338	3,900
		支払手形決済	0	0
		人件費	1,650	1,540
		営業経費	535	621
		支払利息	6	6
		その他の経常支出	48	265
		計	12,054	11,162
	経常収支差額		▲230	903
その他の収支	その他の収入	借入金収入	0	4,000
		設備等売却収入	0	0
		その他	0	0
		計	0	4,000
	その他の支出	借入金返済	200	200
		設備等取得支出	0	0
		その他	0	0
		計	200	200
	その他の収支差額		▲200	3,800
当月収支差額			▲430	4,703
次月繰越現預金残高			1,951	6,654

5月　実績資金繰り表　　　　（単位：千円）

　　5月の営業活動に関する資料のうち、現金収支に関する項目を集計する必要があります。収益として計上する売上高18,700千円のうち現金売上8,550千円、同様に現金仕入4,830千円を計上します。人件費、営業経費等は、すべて現金支払いとして処理しています。また、その他の経費55千円と未払税金の納付額210千円は「その他の経常支出」の項目に計上します。

　　減価償却の会計処理は、固定資産の購入時に資産として貸借対照表に計上し、その後耐用年数に応じて規則的に費用に計上します。つまり、購入時に取得原価を費用に全額計上するのではなく、期間に費用として配分する手続きなので、費用として計上されますが現金の支出がともなうものではありません。このような理由から減価償却費は、非資金費用と呼ばれます。また、長期の借入金は、「その他の収支」の区分の「その他の収入」項目に計上します。

　　5月は、現金売上が4月より多く「経常収入」が少し増えました。経常支出は、営業経費や税金の納付額が増加したものの現金仕入が減少したことにより4月を下回りました。結果、経常収支差額が903千円プラスになりました。「その他の収支」については、長期の借入金により3,800千円の資金増加となり、5月の収支差額は4,703千円プラスで月末の現預金残高は6,654千円です。

資金計画は、損益の予算と違って翌月に挽回するということはできません。つまり、資金繰りが予算通りに実行されない場合、債務の支払期日が到来しても支払うことができず、営業活動を続けられなくなります。そこで、損益の予算とは別に資金繰りの予算を立てる必要があります。

損益予算のもとに作成された予想損益計算書などをもとにして見積資金繰り表を作成してみましょう。

①見積資金繰り表の作成

下記の示した6月の予想損益計算書と予想貸借対照表の項目から6月の見積資金繰り表を作成してみましょう。

6月の予想損益計算書と予想貸借対照表の項目からまとめた資金関係の資料

売上高	19,900千円 （現金売上 9,350千円　掛け売上10,550千円）
仕入高	12,000千円 （現金仕入 5,260千円　掛け仕入 6,740千円）
人件費	3,820千円 （賞与の支払を含めた金額）
営業経費	821千円 （商品のプロモーションとして広告宣伝費が発生）
その他の経費	24千円
雑収入	8千円
支払利息	19千円 （5月に借り入れた長期借入金の利息は、6月から支払う）
短期の借入金返済	200千円
長期借入金の返済	160千円
減価償却費	340千円 （新規に購入した備品の償却額を含む）
新規の備品購入	2,100千円
売掛金の回収額	2,900千円 （得意先の業績不振により未回収が発生）
買掛金の支払額	4,100千円

6月　見積資金繰り表　　　(単位：千円)

月　　度			6月
前月現預金残高			6,654
経常収支	経常収入	現金売上	9,350
		売掛金回収	2,900
		手形回収	0
		受取利息	0
		その他の経常収入	8
		計	12,258
	経常支出	現金仕入	5,260
		買掛金支払	4,100
		支払手形決済	0
		人件費	3,820
		営業経費	821
		支払利息	19
		その他の経常支出	24
		計	14,044
	経常収支差額		▲1,786
その他の収支	その他の収入	借入金収入	0
		設備等売却収入	0
		その他	0
		計	0
	その他の支出	借入金返済	360
		設備等取得支出	2,100
		その他	0
		計	2,460
	その他の収支差額		▲2,460
当月収支差額			▲4,246
次月繰越現預金残高			2,408

6月の見積資金繰り表の状況について

・現金売上が5月より増える見積りですが、得意先の業績不振により掛け代金の未回収が発生しているので、資金繰りを悪化させています。

・賞与の支払いのため人件費が増加しており、資金繰りを悪化させています。

・商品のプロモーションとして広告宣伝費が通常より発生しています。賞与の支払時期と重なっているため、5月に資金調達しています。

・支払利息の増加は、5月の長期借入金に対するものであり、6月から支払が予定されています。

・借入金の返済は、従来からの短期借入金と5月に借り入れた長期借入金が合算されています。

・備品の購入が予定されています。この財源も5月の長期借入金です。

・備品の購入や借入金の返済は、資金繰りを悪化させるため充分な見積りや計画が必要です。

②資金繰りの改善

資金繰りが改善される要因と悪化する要因を把握し、資金予算（資金計画）を作成する必要があります。

純利益の増加	利益の増加は、当然にして資金を増加させます。経費の削減により費用対効果を高める努力が必要です。
掛け販売の増加	売上高が増加しても掛け代金の回収が実現されてはじめて資金の増加になります。得意先の与信管理（信用調査）も重要です。また、掛け仕入の支払期日とのバランスも考える必要があります。
掛け仕入の増加	掛け仕入の増加は、資金を一時的に増加させます。その分、他の経営資源に投入することが可能になりますが、支払計画を慎重に作成する必要があります。
在庫の増加	在庫の増加は、資金を悪化させます。商品を購入してから販売して代金の回収までに時間がかかるほど資金繰りを悪化させます。在庫の増加は、未だ販売されていない状況ですから、資産が増えるだけです。また、商品の品質低下や劣化の可能性もあります。在庫を減らして注文を受けられない状況も困りますが、一定以上の在庫をかかえることは資金繰りを悪くするだけでなく、リスクを抱えることにもなりますので適正な在庫量を定めることが大切です。
設備投資の増加	設備投資の増加は、資金を減少させます。また、一度投資することにより長期にわたって資金を拘束することになります。また、維持費の見積りも重要です。一方、設備投資は、将来の企業成長、発展へ向けての準備ですので大変重要な意思決定となります。資金計画がより求められます。
借入金の増加	借入金の増加は、一時的に資金の改善につながります。しかし、返済計画に従った借入金返済額、ならびに支払利息の発生は、長期にわたって資金の支出が続くことを充分に見積る必要があります。

　以上のように、資金繰りは、実績を集計して分析するだけでなく、むしろ見積資金繰り表の作成による資金予算の策定にその重要性があります。資金計画のミスは、たとえ経営成績が優秀であっても、事業自体の継続が困難という事態に陥りますので充分な知識にもとづいておこなわれなければなりません。

3-4 勘定奉行による資金繰り表の作成

　勘定奉行では、日々の伝票入力にもとづいて集計された資金繰り情報（経常収支・設備等収支・財務収支）を画面表示・印刷・転送することができます。集計対象期間は当期会計期間内で、月次ベースで指定をおこないます。

　入力された仕訳をブロック単位に分けたときに現預金科目を含む場合は、その仕訳が資金繰りの区分に従って集計、表示されます。

　【会計帳票】メニューから【7.資金繰】−【1.資金繰実績推移表】を選択し、「資金繰実績表 設定条件」を表示させます。

① 【月範囲】ボタン
　　集計範囲を指定するための【月範囲指定】ダイアログボックスを表示します。

② 【集計対象】グループ
　　「全社」「部門」「グループ」のいずれかを選択します。【集計形式】グループは、【集計対象】グループで「部門」を選択した場合のみ、部門ごとの金額を「合計」するか、一部門ごとに「個別」で集計するかを選択します。

③ 【税処理】グループ
　　「税抜」で集計するか「税込」で集計するかを選択します。

　　条件設定終了後、【画面】ボタンをクリックすると金額集計が開始されます。
　　金額集計が終了し、1画面分のデータを表示すると、ファンクションキー選択モードになります。印刷する場合は、【印刷】ボタン（Ｆ２）を選択します。

　勘定奉行の資金繰実績表は、資金収支を「経常収支」「設備等収支」「財務収支」の3つの区分に分類表示されています。

資金繰実績推移表

OBCアートステンレス工業株式会社　【第3-5章】　会計期間：20XX年　4月　1日 ～ 20XX年　3月 31日

集計期間			自 20XX 年　4月　1日　至 20XX 年　3月 31日		税処理	税込

（単位：　円）

資金繰項目			20XX年4月	20XX年5月	20XX年6月
＊＊＊前月繰越金額＊＊＊			151,882,677	144,431,851	139,545,006
経常収支	収入	現金売上	0	0	0
		売掛金回収	23,728,577	25,573,081	23,508,529
		受取手形入金	5,937,757	15,074,432	15,938,888
		前受金	0	0	0
		未収入金	0	0	0
		受取利息・配当金	0	16	0
		営業外収入	0	447	0
		その他の収入	0	0	0
		＊収入計＊	29,666,334	40,647,976	39,447,417
	支出	現金仕入	0	0	0
		買掛金支払	19,294,038	15,261,588	15,014,926
		支払手形決済	0	0	0
		前渡金	0	0	0
		前払金・未払金	4,357,467	12,649,892	4,317,817
		人件費	6,473,630	6,694,844	8,157,980
		販売管理費	1,462,971	1,363,297	1,344,378
		材料費	0	0	0
		労務費	567,259	714,156	1,949,821
		外注費及び製造経費	295,183	9,555	7,901
		営業外支出	377,272	360,881	368,547
		その他の支出	1,929,340	5,404,708	1,940,708
		＊支出計＊	34,757,160	42,458,921	33,102,078
	＊＊経常収支計＊＊		-5,090,826	-1,810,945	6,345,339
＊＊＊差引過不足＊＊＊			146,791,851	142,620,906	145,890,345
財務等収支	収入	借入金	0	0	0
		手形割引	0	0	0
		貸付金回収	0	0	0
		固定資産売却	0	0	0
		その他の収入	0	0	0
		＊収入計＊	0	0	0
	支出	借入金返済	2,360,000	2,360,000	2,360,000
		貸付金	0	0	0
		固定資産購入	0	0	0
		投資支出	0	0	0
		法人税等	0	715,900	0
		その他の支出	0	0	0
		＊支出計＊	2,360,000	3,075,900	2,360,000

F1 操作説明	F2 印刷等	F3	F4	F5	F6 ジャンプ	F7	F8 再集計	F9 単位設定	F10 条件設定	F11	F12 閉じる

第4章 業務管理と関連システム

Chapter 4

　人の協働体である企業では、経営理念にもとづいた経営目標を達成するため、企業内で仕事を分割分担する分業により営業活動が進められます。分業を進めていく上で、分課階層化された部課制や事業部制などの組織制度を引き、各部署に権限と責任が委譲されます。この組織内分業は、規程や規律を基準として合理的に管理統制する必要があります。それぞれの業務を進めていく中、業務管理は組織の健全な維持、発展にとって重要です。ここでは、財務業務を中心とした各業務内容とコンピュータシステムについて理解しましょう。

業務管理と関連システム

① 出納業務と財務管理システム

金銭出納については、入出金手続きおよび残高管理のみならず、その内容や証ひょうについて、充分注意する必要があります。金銭取扱手続規程などの社内規程がある場合は、これにしたがって執りおこないます。

《参考》

金銭取扱手続規程

第1章　総則

（目的）

第1条　この手続は、経理規程第xx条にもとづき、金銭の出納および保管などに関する取扱手続を定めたものである。

（金銭の範囲）

第2条　この手続において金銭とは、次の各号に掲げるものをいう。

(1)現金…現金、手持ちの受入れ小切手、郵便為替証書および振替貯金払出証書その他これに準ずるもの。

(2)預金…金融機関に対する預金および貯金

(3)手形…約束手形および為替手形

（出納請求権限者）

第3条　金銭出納の請求は、その取引を所管する部門責任者（以下「出納請求権限者」という。）がおこなう。

1　出納請求権限者は、金銭出納の請求に関する一切の責めに任ずる。

（出納責任者）

第4条　金銭の出納は、出納部門責任者（以下「出納責任者」という。）がおこなう。

1　出納責任者は、金銭の授受ならびに管理をおこなうため、出納担当者を定めることができる。

2　出納担当者は、次に定める以外の会計伝票を発行してはならない。ただし、出納責任者が認めた場合は、その限りではない。

(1)送金手数料、および取立て手数料の支払伝票

(2)受取手形の取立て、および割引に伴う収納伝票

(3)支払手形の決済伝票

(4)旅費および社員貯金専用伝票など、出納済み伝票を集計した会計伝票

(5)振込みのための伝票を、集計した会計伝票

（出納の請求）

第5条　出納の請求は、出納請求権限者が会計部門責任者に対し、証ひょう書類が添付された会計伝票によりおこなう。

1　会計伝票の種類および取扱いなどについては、別に定める「一般会計処理要領」による。

第2章　金銭の収納

現金出納業務と現金管理

①入出金と領収証、証ひょう綴り

支出（支払）について、その内容を確認し、請求書や領収証の有無および支払の適正性を吟味します。証ひょうである領収証は証ひょう綴りなどを利用し整然と管理保管をおこないます。仕訳伝票と領収証に通し番号を付すことで事後の管理が円滑におこなえます。収入（入金）についても同様に、その内容を吟味し、代金収受の場合は、発行した領収証と一致しているかどうか領収証控えの確認をおこないます。

②入出金の記録－出納帳

入出金にもとづいて作成された仕訳伝票から、出納帳に記帳します。出納帳上で現金残高が記録され、実際残高との一致確認ができます。

100 現金

OBCアートステンレス工業株式会社　【第2章－解答】　　　　　　　　　PAGE:　1

【税込】
【勘定元帳】

伝票日付 伝票No.	相手勘定科目 / 補助科目 摘要	借方	貸方	残高
XX/02/03 2	740 旅費交通費 タクシー代		660	109,325
3	756 会議費 打ち合わせ 喫茶代		1,450	107,875
XX/02/07 5	741 通信費 郵送料		310	107,565
6	756 会議費 打ち合わせ 喫茶代		1,220	106,345
XX/02/09 8	740 旅費交通費 タクシー代		820	105,525
9	756 会議費 打ち合わせ 喫茶代		2,790	102,735
XX/02/10 13	768 支払リース料 フロアーマット リース料		2,640	100,095
14	648 福利厚生費 残業食事代 藪北そば		1,350	98,745
XX/02/12 16	648 福利厚生費 お茶代 山北茶		1,880	96,865
17	731 福利厚生費 削除仕訳（お茶代 山北茶		0	96,865
XX/02/14 18	740 旅費交通費 タクシー代		1,300	95,565
XX/02/15 20	756 会議費 打ち合わせ 喫茶代		3,600	91,965
XX/02/17 22	756 会議費 打ち合わせ 喫茶代		980	90,985
XX/02/20 25	741 通信費 国際電話通信サービス 振込		17,077	73,908
26	756 会議費 打ち合わせ 喫茶代		660	73,248
XX/02/21 28	741 通信費 郵送料		250	72,998
30	651 通信費 郵送料		1,380	71,618
31	648 福利厚生費 残業食事代 藪北そば		1,120	70,498
XX/02/23 34	748 新聞図書費 書籍代 堀内書店		3,400	67,098
36	756 会議費 打ち合わせ 喫茶代		4,750	62,348
37	648 福利厚生費 残業食事代 藪北そば		1,150	61,198
XX/02/25 39	135 売掛金　　　　002 ㈱あおぞら建設 小切手受領 あおぞら建設	222,279		283,477
XX/02/26 43	110 当座預金　　　001 青山銀行 小切手預入 あおぞら建設		222,279	61,198
XX/02/27 45	111 普通預金　　　001 青山銀行 引き出し	300,000		361,198
46	741 通信費 郵送料		230	360,968
47	740 旅費交通費 タクシー代		1,380	359,588
48	748 新聞図書費 業界新聞 当月分		3,700	355,888
51	648 福利厚生費 残業食事代 藪北そば		1,540	354,348
XX/02/28 68	740 旅費交通費 駐車料 当月分清算		26,780	327,568
70	756 会議費 打ち合わせ 喫茶代		3,110	324,458
74	648 福利厚生費 お茶代 山北茶		1,880	322,578
75	731 福利厚生費 お茶代 山北茶		940	321,638

③残高チェックと金種表

現金の実際残高は、金種表を作成し、出納帳残高との一致を確認します。

金種表
×年2月25日

金種		枚数	金額	
紙幣	1万	3	3 0	0 0 0
	5千	3	1 5	0 0 0
	2千	0		0
	1千	11	1 1	0 0 0
硬貨	500	7	3	5 0 0
	100	11	1	1 0 0
	50	4		2 0 0
	10	37		3 7 0
	5	4		2 0
	1	8		8
現金合計			6 1	1 9 8
小切手	㈱あおぞら建設		2 2 2	2 7 9
小切手合計			2 2 2	2 7 9
総 合 計			2 8 3	4 7 7

検 印		

1-2 預金出納業務と預金管理

預金の種類には、当座預金、普通預金、定期預金、定期積金などがあります。販売代金の受入口座や仕入代金の支払口座、経費の決済口座、給料の振込口座など企業経営上、資金管理の中心となるものです。

①当座預金

小切手や手形の支払を決済するための口座で、金融機関と当座取引契約を結び開設します。金融機関では、当契約申込者の信用を調査し判断します。締結後、小切手帳、当座入金帳、手形帳が発行され、当座取引がおこなえるようになります。当座預金は法令により無利息と定められています。

① 小切手

　小切手とは、小切手振出人が当座取引契約をしている金融機関に対し、小切手受取人に小切手額面金額の支払を委託する支払委託証券です。多額の現金を扱う危険を避けるため、現金の代わりとして利用されます。小切手が呈示された時点で当座預金に残高が不足している場合、不渡りとなりますので、残高管理は重要事項です。小切手は流通性を確保するため、持参人払いを原則としますが、盗難等の事態に対応するため、「線引」をおこなうことが一般的です。線引小切手の場合、換金は振出銀行または取引銀行を経由しなければなりません。この場合の現金化には一般的に3営業日を要し、この間に盗難等の捕捉が可能となっています。

② 小切手帳・手形帳

　この小切手用紙を50枚程度綴った冊子が小切手帳です。小切手の振り出しを記録するため、その小切手と同じ通し番号のついた「耳」と呼ばれる部分に振出日、相手先、金額を書き込むようになっています。手形帳も同様です。

③ 当座入金帳

　当座預金に資金の預入れをおこなう場合、当座入金帳を利用します。

④ 当座照合表

当座勘定の入金、引落および残高について金融機関から預金者へ定期的に書面が発行されます。これを当座照合表といいます。小切手を振り出した場合、会計処理上は振り出した時点で記帳をおこないますが、実際の当座預金の変動は、小切手の受取人が銀行に呈示し決済されるまで生じません。振り出した小切手の決済や口座振替依頼とした経費等の支払事実を当座照合表で確認します。

当座照合表

自 ×年2月1日 至 ×年2月28日

口座番号XXXXX

日　付	備　考	預入金額	支払金額	残　高
	繰越			21,184,124
×年2月1日	01212		228,014	20,956,110
×年2月2日	01214		8,759,604	12,196,506
×年2月2日	01216		2,582,400	9,614,106
×年2月3日	01213		333,075	9,281,031
×年2月5日	01215		688,085	8,592,946
×年2月25日	預金振替	10,000,000		18,592,946
×年2月26日	他店小切手	222,279		18,815,225

青山銀行

⑤ 残高証明書

取引金融機関において預金者の依頼にもとづいて発行される有料サービスで、指定日付時点の預金や借入金、期日未到来の手形割引高、債務保証などの残高を記載した書面が発行されます。

預金残高証明書

×年 2 月 28 日現在

会　計　名	預　金　種　別	金　額	摘　要
預　金	当座預金	18,815,225円	
	普通預金	23,469,422円	
	定期預金	100,600,000円	
	定期積金	4,450,000円	
借　入　金	証書貸付	199,143,000円	
		以下余白	

上記のとおり、預金・借入金の残高に相違ないことを証明します。

×年3月××日
株式会社青山銀行 ××支店

⑥ 銀行勘定調整表

小切手の未取付などが原因で、当座預金の帳簿残高が銀行発行の残高証明書と一致しない場合、不一致原因を明らかにするための書類です。

銀行勘定調整表					（企業残高基準法）
×年2月末現在					
当座預金勘定残高					1,209,957円
加算調整事項					
未取付小切手	2/28	01217	ISI工業	924,258	
〃	2/28	01218	大東研磨工業	7,431,763	
〃	2/28	01219	プレシス金型製作所	7,017,360	
〃	2/28	01220	拝島梱包運送	1,681,551	
〃	2/28	01221	力石文具店	138,149	
〃	2/28	01222	のぞみ商会	412,187	17,605,268円
減算調整事項					
時間外預入		なし			0円
調整後残高（＝銀行残高証明書金額）					18,815,225円

②普通預金

基本となる預金で、自由に預入れ、払い戻しができます。キャッシュカードが発行され、ATM（現金自動預け払い機）でも預入、払戻、振込などがおこなえます。利息も付きますが、一律20％（国税15％および地方税5％）の所得税が源泉徴収されています。

③定期預金・定期積金

定期預金は、満期日を設定し、設定期日まで払戻をしない条件で預け入れる預金です。普通預金よりも高い利率で金利が付されます。利息には普通預金同様、一律20％の所得税が源泉徴収されています。

定期積金は、6ヶ月から5年までの一定期間、毎月掛け金を払込、満期日に給付補填金（利息）とともに支払われる預金です。

財務の業務には、財務会計の分野となる現金管理、預貯金管理、債権債務管理、手形管理、固定資産管理等の資産管理から、資金繰り管理、予算会計、部門管理や経営分析などの管理会計の分野まで広範多岐にわたります。コンピュータを利用した財務会計システムを中心に運用することで、効率的に財務管理業務をおこなうことが可能です。

①財務会計システムの特徴

　複式簿記をプログラム化した会計ソフトがすでに一般化しており、多くの企業で活用されています。

　事前に用意された科目マスターを使い、仕訳伝票を入力することで元帳、残高試算表、決算書が自動集計されます。科目マスターは、必要に応じて追加や修正削除ができるようになっています。また、業種別にも用意されており、商品売買業・サービス業用の一般科目体系とは別に、公益法人用の科目体系や製造業用に製造原価科目を追加、建設業用に工事原価科目を追加、など利用者の必要に対応しています。

②会計処理

　会計に関する内部統制の視点から考えると会計証拠たる証ひょうにもとづき仕訳伝票を起票し、これをもって会計ソフトの入力がおこなわれるのが基本ですが、仕訳伝票以外に出納帳や仕訳帳、元帳からも入力がおこなえるように工夫されています。

③出力帳票

　出納帳や仕訳日記帳、総勘定元帳などの帳簿から現預金明細表、補助残高一覧表、合計残高一覧表などの集計表に加え、消費税関連の元帳・集計表も自動集計により作成されます。

総勘定元帳－現金勘定

現預金内訳表

企業の血脈といえる資金において、手形の存在は企業生命を左右する重要事項です。したがって、手形管理は、正確な対応が要求されます。

①手形の流れ

＜受取手形＞

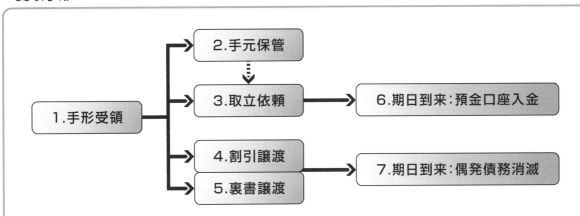

1.手形受領：額面金額、手形期日など手形記載事項に不備が無いか、裏書の場合、裏書欄の記載が連続しているか注意します。

2.手元保管：手形現物を社内で保管する場合、紛失・盗難等に注意を要する。

3.取立依頼：銀行所定の依頼書を記入のうえ、金融機関に引き渡します。

4.割引譲渡：銀行所定の依頼書を記入のうえ、金融機関に引き渡します。手形期日までの割引料を差し引いた金額が預金口座に入金されます。

5.裏書譲渡：手形裏面に自社名および譲渡先名称を記入し、押印し支払先に引き渡します。手形の裏書が連続していない場合、裏書不備として決済ができなくなります。また、譲渡手形と引き換えに受領した領収証の内容を確認します。

＜支払手形（約束手形）＞

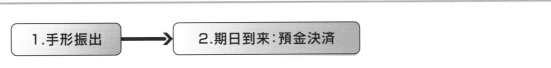

白地手形：記載事項の1つでも欠けた手形は無効とされていますが、実際は、振出人の署名以外について一部が記入されずに振り出された手形が流通しています。この手形を白地手形といいます。

・振出日が空欄：振出人が長いサイトの手形であることを隠そうとしている。
・受取人欄を空欄：裏書責任を負わないで他人に追わせようとしている。
・手形金額が空欄：高額な金額が勝手に記載される恐れがある。
・支払期日が空欄：いきなり呈示される可能性がある。

②手形残高

手形は決済管理が最も重要です。

受取手形の場合、金融機関への取立依頼分は、期日別集計が資金繰りに直接影響します。また、裏書譲渡や割引譲渡の場合、遡及義務を負っているため、実質的な債務保証となり、一旦不渡りとなった場合、手形譲渡による決済が無効となり、改めて支払を求められることになります。この偶発的な債務に対応するためにも、手形決済日まで継続した管理が必要となります。得意先別期日別集計や期日別得意先別集計、てん末別期日別集計など。

支払手形（約束手形）の場合、期日に預金決済が可能かどうか周到に資金繰りを確保する必要があります。したがって、金融機関別期日別の手形残高には常に注意が必要です。

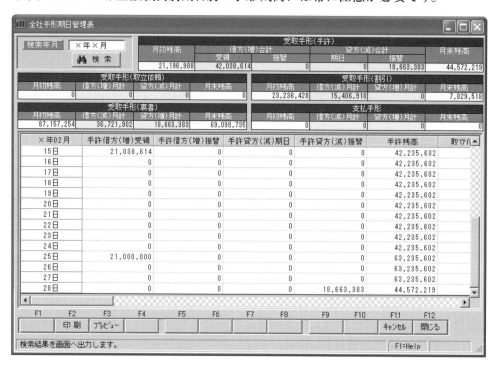

1-5 資産管理と資産管理システム

企業活動の中で複数年にわたって事業に利用される資産は、適正な期間損益計算をおこなうために各年に費用配分することになります。このため、固定資産台帳を作成し、資産管理をおこない、適切に会計処理をおこないますが、固定資産管理システムを運用することで的確かつ効率的におこなうことが可能です。繰延資産や非償却資産、リース資産も登録することで資産の一元管理をおこなうことができます。

①償却方法

減価償却費の計算では、償却方法、耐用年数、残存価額にもとづいておこなわれますが、法人税法との関連から増加償却、特別償却、一括償却など特殊なケースも発生します。資産明細の基本登録をおこなうことで毎年の償却費計算が自動でおこなわれます。

②按分計算

資産の利用状況によっては、販売管理費と製造経費に按分するケースもあります。

③償却資産税

構築物や機械、備品などは、毎年1月1日の簿価を基準に償却資産税が課せられます。毎年、増加資産・減少資産についてその内容を申告することで課税団体（地方公共団体）が計算をおこない納付書が郵送されてきます。この償却資産税の申告書や関連資料も固定資産管理システムから出力ができます。

④資産登録および出力

資産情報（資産名、科目区分、取得日、取得価額、耐用年数、按分割合等）を登録することで、償却額（月次・年次）が自動計算されます。また、固定資産台帳、資産リスト、償却費一覧や償却額シミュレーションなど有益な経営管理情報が作成されます。

予定償却額一覧表（明細表）

コード	資産名／経費区分	数量	償却法／償却率	20X8年度 償却実施額	20X9年度 償却予定額	20X0年度 償却予定額	20X1年度 償却予定額
001	本社工場 一般	1	定額 0.034	330,480	330,480	330,480	330,480
001	本社工場 製造	1	定額 0.034	771,120	771,120	771,120	771,120
101	空調設備 一般	1	定率 0.162	63,468	53,186	44,570	37,350
101	空調設備 製造	1	定率 0.162	148,092	124,102	103,997	87,150
102	電気設備 一般	1	定率 0.142	34,268	29,401	25,227	21,644
102	電気設備 製造	1	定率 0.142	79,958	68,604	58,863	50,504
103	エレベータ 一般	1	定率 0.127	319,059	278,504	243,134	212,255
201	駐車場 一般	1	定率 0.206	139,344	110,639	87,848	69,751
301	NCガス切断機 製造	1	定率 0.142	353,068	302,933	259,916	223,008
305	ラジアルボール盤 製造	1	定率 0.142	184,681	158,456	135,956	118,650
308	シャーリングマシーン 製造	1	定率 0.142	556,968	477,878	410,020	351,797
309	プレスマシーン 製造	1	定率 0.142	515,014	441,882	379,135	325,298

[F1] ヘルプ　[F2] 印刷　[F3] 転送　[F4] リレー　[F5]　[F6] 再集計　[F7]　[F8] 編集　[F9] 設定　[F10]　[F11] 中止　[F12] 閉じる

月次償却額一覧表（合計表）

コード	資産種類名	20X9年度 普通実施額	20X9年度 特別実施額	20X9年度 普通実施額	20X9年度 特別実施額	20X9年度 普通実施額
200	建物	91,800		91,800		91,800
	内 一般経費 計	27,540	0	27,540	0	27,540
	内 製造経費 計	64,260	0	64,260	0	64,260
	内 営業外費用計	0	0	0	0	0
201	建物付属設備	53,732		53,732		53,753
	内 一般経費 計	34,728	0	34,728	0	34,747
	内 製造経費 計	19,004	0	19,004	0	19,006
	内 営業外費用計	0	0	0	0	0
202	構築物	11,612		11,612		11,612
	内 一般経費 計	11,612	0	11,612	0	11,612
	内 製造経費 計	0	0	0	0	0
	内 営業外費用計	0	0	0	0	0
203	機械装置	568,434		568,434		568,457
	内 一般経費 計	0	0	0	0	0
	内 製造経費 計	568,434	0	568,434	0	568,457
	内 営業外費用計	0	0	0	0	0
204	車両運搬具	123,579		123,579		123,606
	内 一般経費 計	123,579	0	123,579	0	123,606
	内 製造経費 計	0	0	0	0	0
	内 営業外費用計	0	0	0	0	0
205	工具器具備品	1,987,776		1,987,776		1,987,810
	内 一般経費 計	61,539	0	61,539	0	61,539
	内 製造経費 計	1,926,237	0	1,926,237	0	1,926,271
	内 営業外費用計	0	0	0	0	0
	《合 計》	2,836,933		2,836,933		2,937,039
	内 一般経費 計	258,998	0	258,998	0	253,044
	内 製造経費 計	2,577,935	0	2,577,935	0	2,577,934
	内 営業外費用計	0	0	0	0	0

[F1] ヘルプ　[F2] 印刷　[F3] 転送　[F4] リレー　[F5]　[F6] 再集計　[F7]　[F8] 編集　[F9] 設定　[F10]　[F11] 中止　[F12] 閉じる

② 販売業務と販売管理システム

　販売管理業務は、見積り、受注、納品、請求、入金の一連の販売業務を管理対象とし、営業活動の正常な循環を確保する上で最も重要な管理業務です。

　また、販売管理業務から得られる売上データは、市場の動向や顧客の動向などの分析に活用することで新規顧客獲得の営業戦略や既存顧客への売り込みなどの販売戦略にとって重要な情報源です。販売管理業務が現在時点中心の管理に対し、動向分析は、未来管理として営業発展に重要な情報を提供します。この点から顧客管理業務も重要な業務となります。

2-1 販売業務の流れ

　商製品の販売・サービスの提供を掛け取引でおこなう場合、下記流れとなります。個々の業務とともに次業務への連携についても適正に管理する必要が生じます。現金取引の場合には、納品と同時に回収がおこなわれるため、請求業務はありません。

①販売管理システム

　販売管理システムを利用する場合、得意先マスター、商品マスターの情報をもとに、日々の取引ごとに売上伝票・入金伝票の入力します。

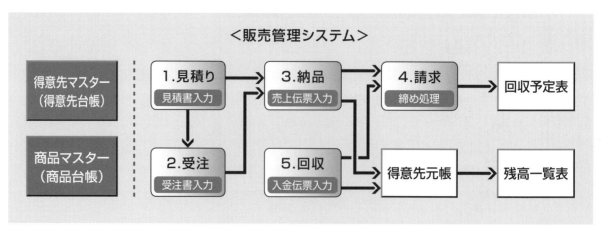

②マスター登録（台帳登録）

販売管理システムの運用には、事前準備として、得意先マスター（得意先台帳）や商品マスター（商品台帳）を登録します。

取引条件は、得意先ごとに異なります。得意先の固有情報（社名、担当者、住所、電話番号）とともに、個々の取引条件を得意先マスター（得意先台帳）に登録します。また、取扱商品についても、名称や販売単価、単位などを商品マスター（商品台帳）に登録し、運用します。

取 引 条 件	
計上基準	出荷基準 または 検収基準
締め日	毎月ｘｘ日
支払日	ｘ月後ｘｘ日
支払条件　例1	指定口座に振込（振込手数料の負担は、ｘｘ）
支払条件　例2	約束手形振出（手形サイトは、ｘｘ日）
消費税転嫁	取引ごと　または　請求時
与信限度額	ｘｘ円

③見積り

購入の前段階として、見積り依頼があった場合には見積書を作成します。見積書には、商品情報や納品関連情報、取引条件、見積書有効期限などを記述し、トラブルが発生しないよう留意します。

見 積 書 記 載 事 項	
商品情報	商品の仕様や数量、販売単価など
納入関連情報	納入先、納入予定日、送料負担など
取引条件	支払日、決済方法、振込料負担など
見積書有効期限	期日

④受注

見積書にもとづき受注する場合、発注書（注文書）を受けます。発注書に対し会社側は受注書を発行し、取引内容を相互に確認します。継続的な取引の場合などは、見積書、発注書、受注書は省略され、電話ファクス等で受発注がおこなわれます。

受注後、適切に納品されているか、受注明細や受注残明細などにより管理が必要です。

⑤納品

商品の出荷納入にあたっては、納入商品に納品書、物品受領書を添付します。納品書は商品とともに顧客に渡し、同時に物品受領書に確認印をもらいます。後日、納品の事実やその内容に異議が生じた場合に確認印のある物品受領書が重要な証拠となります。倉庫から出荷する場合は出荷伝票、納入業者を利用する場合は納入依頼書（送り状）により出荷管理をおこないます。

納品によって売上の認識測定が可能となり、会計処理がおこなわれます。ただし、売上計上の基準を出荷基準ではなく、顧客の検収報告を待っておこなう検収基準による方法もあります。計上の基準は、個々の企業が取引先ごとに決め、これを継続します。

計 上 基 準	
出荷基準	納入者が商品を出荷した時点で認識計上
検収基準	購入者が商品を検収した時点で認識計上

⑥請求

顧客ごとに取り交わした締め日を基準に集計をおこない、代金の請求をおこないます。この請求には、前回締め日以降、今回締め日までの納品内容を表した請求明細書を発行しておこないます。個々の取引で納品書を渡している場合、請求書上、納品明細の記述を省略し、当月の取引合計額のみを表した合計請求書とする場合もあります。

販売管理システムを利用している場合、顧客ごとに登録されている締め日情報にもとづいて、一括で請求業務をおこないます。これによって、請求漏れを防ぐことが可能です。

また、決算など顧客の特殊な事情から所定の締め日以外で締めの依頼が生じた場合でも、販売管理システムでは、対応できるよう工夫されています。

⑦回収

取引条件にもとづき、支払予定日に売上代金が回収されます。債権回収管理は遅滞無く正確におこなわれなければなりません。

回 収 事 例	留 意 事 項
集金の場合	事前に回収額の確認、領収証の準備が必要
手形、小切手で回収の場合	記載事項に不備等が無いか、入金額は妥当か
銀行口座振込の場合	予定日に入金されたか、請求額と一致しているか
相殺がある場合	金額は妥当か、相殺の領収証を相互に発行・受領しているか

販売管理システムでは、代金の回収は入金伝票を入力します。この回収予定額が入金されたのかのチェックをおこないます。さらに、入金に対応する売上伝票の消しこみが可能です。このチェック機能により、請求漏れや検収漏れ、滞留債権の早期回収に貢献します。

2-2 債権管理

信用情報の分析や与信限度額、支払条件の設定は、事前におこなう与信管理として重要です。また取引開始後の債権管理も取引先ごとに継続的におこなう必要があります。債権回収、債権残高について、回収予定表、回収一覧表（実績）、売掛金残高一覧表、受取手形管理表などを作成し客観性ある合理的な債権管理を進めます。債権の残高が正確に把握できていなければ、管理がおこなえません。販売管理システムと財務管理システムを併用している場合は、販売管理システムでの売掛金残高一覧表と財務管理システムでの売掛金残高一覧表の数値は当然一致することになります。すなわち社内の各システムはその整合性が確保されている必要があります。

2-3 得意先別管理

積極的な営業活動をおこなうために、得意先との取引内容を把握することは継続的な営業活動にとって最も重要な事柄です。得意先との取引の記録が得意先元帳です。取引日付ごとに販売情報（品名、単価、数量、金額）と入金情報（入金口座、入金額、相殺等）を記録します。

2-4 売上分析

販売管理システムを利用することで、得意先別、商品別、担当者別、日別、月別、部門別、カテゴリー別等種々の集計をおこなうことができます。実績値の月次推移、前年同月対比や得意先別順位表、さらに予算設定がなされている場合、予算実績対比表の集計をおこなうことができます。

2-5 顧客管理システム

一元的に管理した顧客情報は、貴重な情報資産となります。この顧客情報を有効に活用できるかが業績の向上に大きな影響を与えます。顧客管理システムでは、取引実績とともにその他営業活動で得た種々の顧客情報を企業内から収集蓄積し、顧客の好みや属性、傾向など顧客分析をおこない、顧客のニーズに敏感かつ適時に反応することで販売促進につなげます。

膨大な顧客情報をいかに合理的に管理運用できるかが、マーケティング上、重要なツールです。

購買業務と購買管理システム

購買管理業務は、商品や原材料の仕入、外注加工依頼について、発注から検収・入庫、代金支払までの一連の購買業務を管理対象とし、円滑な販売業務の基礎となる重要な管理業務です。

3-1 購買業務の流れ

商品・原材料の仕入や外注加工を掛け取引でおこなう場合、下記流れとなります。継続的に取引をおこなっている場合や軽微な取引の場合は、見積書・発注書は省略され、電話ファクス等で受注業務がおこなわれます。

1.見積り依頼	→	2.発注	→	3.納品	→	4.締め切り	→	5.支払
見積書受領		発注書作成		納品書受領		請求書受領		振込依頼票控 領収証

3-2 購買管理システム

商品等が入荷した場合、仕入伝票を入力します。仕入伝票は仕入日にもとづいて、仕入先ごとに入力します。入力にあたっては、納品書が入力伝票の代わりとなります。

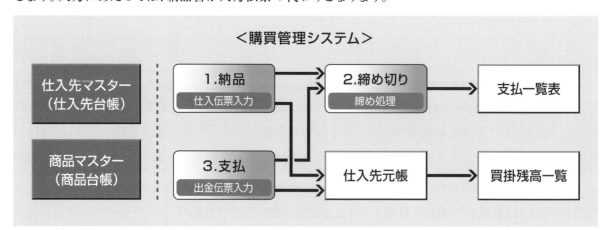

＜購買管理システム＞

3-3　在庫管理

　購買管理システムと販売管理システムを統合的に運用する場合、商品マスター（商品台帳）を共有し、両システムを連動させることで、在庫管理も自動でおこなうことができます。在庫管理の対象とするかどうかを商品ごとに商品マスター（商品台帳）で設定します。この場合、仕入伝票が入庫伝票、売上伝票が出庫伝票の役割を兼ねることで商品の入出庫が把握されます。

コード 商品名	繰越残数	入荷数	出荷数	現品残数	仮出荷残数	在庫合計	単価 在庫金額
AWN-0051							172,725
オーニング	28	5	28	5	0	5	863,625
DOR-0125							54,810
ドア	25	0	8	17	0	17	931,770
GAT-0320							78,120
門扉	11	20	18	13	0	13	1,015,560
LGT-0451							27,300
ライト	7	40	25	22	0	22	600,600
LOV-0084							10,133
ルーバー	21	30	36	15	0	15	151,988
PLT-0218							12,128
プランター	18	40	37	21	0	21	254,676
PST-1650							28,854
ポスト	0	30	19	11	0	11	317,394
RAL-0284							28,203
手すり	51	0	33	18	0	18	507,654
TNK-0104							130,725
タンク	16	5	15	6	0	6	784,350
UNB-0039							29,043
傘立て	12	20	24	8	0	8	232,344
【合　計】	431	298	593	136	0	136	7,776,978

在庫一覧表
自　20X9年 2月 1日　至　20X9年 2月28日
【商品コード順】　　　　　　　　　　　　　　　　　　　　　　　　　　　　　　－ 総平均法 －

[F1] ヘルプ　[F2] 印刷等　[F3]　[F4] 次画面　前画面　[F5]　[F6]　[F7]　[F8] 編　集　[F9]　[F10]　[F11] 中　止　[F12] 閉じる

3-4　販売、購買、財務管理システムの統合

　また、販売管理システムと購買管理システムを統合的に運用することで在庫管理がおこなえると同時に、受注処理と同時に発注処理をおこなったり、出荷（売上）処理と同時入荷（仕入）処理が可能となり、入力作業の効率化も図れます。さらに、財務管理システムと連動させる場合、売上データ、入金データ、仕入データ、支払データについてシステム間でのやり取りをおこなうこともできます。

4 給与計算業務と給与計算システム

給与計算業務では、役員・従業員の毎月の給与、年に数回の賞与の計算をおこないます。給与計算では、勤怠情報から残業手当など変動分の加算を含めた支給額の計算と同時に社会保険料や所得税など控除額の計算をおこない、支給額を算定します。

4-1 関連法規等

給与計算は、就業規則や給与規程などの社内規程にもとづき実施されますが、労働および給料に関する守られるべき規律について多数の法規が関連しています。

- **労働法**………… 労働基準法、労働者派遣法、男女雇用機会均等法、育児・介護休業法、職業安定法、最低賃金法、労働組合法など労働関係法令の総称です。

- **労働基準法**…… 労働契約・賃金（残業代）・労働時間・解雇などに関する法律で、労働条件の最低基準を定めています。

- **労働契約法**…… 労働条件の最低限を規定する労働基準法では現在の多様化した就業状況に対応しきれていないため、新たに施行される労働契約のルールに関する法律です。

- **税法**…………… 国家の維持発展にとって必要となる税金は、日本では憲法第30条に納税の義務が定められており、国民の3大義務（教育・勤労・納税）の1つとなっています。また、税金は法律にもとづくという租税法律主義（憲法第84条）をとっています。税法には、所得税法、法人税法、消費税法、相続税法や地方税法があります。税の負担能力の観点から課税の対象は、所得・消費・資産に大きく区分されます。

- **就業規則**……… 会社、職場のルールを規定したものが就業規則です。労働基準法上は、労働者の数が常時10人以上の場合に作成を義務付け、労働基準監督署への届出を課しています。就業規則には、必ず記載しなければならない絶対的記載事項と定めがある場合に記載が必要となる相対的記載事項があります。

絶対的記載事項	1)始業・終業時刻、休日、休憩時間、休暇、交代勤務の実施方法
	2)賃金の決定・計算・支払方法、締め切り、支払時期、昇給
	3)退職に関する事項
相対的記載事項	1)退職手当の適用を受ける労働者の範囲、金額の決定、計算方法、支払方法、支払時期
	2)賞与などの臨時の賃金、最低賃金
	3)労働者が負担する食費、消耗品の費用
	4)安全衛生に関する事項
	5)職業訓練に関する事項
	6)災害補償、業務外の疾病扶助
	7)表彰、懲罰の種類と程度
	8)その他当該事業所の全ての労働者に適用される事項

・給与規程………給与や賞与を構成する基本給や各種手当、各種控除やその計算方法、支給方法等給
　　　　　　　　与に関する詳細について定めてあり、給与計算の根拠となる規程です。

 **給与計算内容**

①給料、役員報酬、賞与、退職金

・給料……………給料とは、労働の対価として使用者から従業員に支払われる金銭です。給与、賃金、月
　　　　　　　　給などをさします。従業員は、雇用契約にもとづき就業規則にのっとって労働に従事しま
　　　　　　　　す。その対価は、給与規定にもとづいて計算・支給されます。給与規定や社内人事考課制
　　　　　　　　度に従い、給料は変動、変更されますが、労働基準法にその規範が規定されています。

・役員報酬………一方、取締役や監査役などの役員に支払われる金銭が役員報酬です。役員は株主総会
　　　　　　　　で選任し委任契約が交わされます。その報酬は、総額について株主総会で決議され、
　　　　　　　　個々の金額は取締役会・監査役会で決議されます。計算・支給にあたっては、役員報酬
　　　　　　　　規定に従います。

・賞与……………給料が毎月支給されるのに対し、年に数回支給される特別な給料が賞与です。賞与規
　　　　　　　　定に従いますが、中小企業では、社長の一存で決定される場合も見受けられます。公
　　　　　　　　務員の場合、法令・条例に定められ期末手当、勤勉手当といいます。

・退職金…………あらかじめ労働協約、就業規則、労働契約等によって明確に規定されている場合、労
　　　　　　　　働者の退職時に使用者から支給される金銭を退職金または退職手当といいます。退職
　　　　　　　　金の性格として、のれんわけ、功労報奨説、賃金後払い説、生活保障説があると言われ
　　　　　　　　ていますが、退職金制度の導入は使用者の任意となります。

②支給方法と締め日・支給日

　雇用形態に応じて、給与形態には、時間給制、日給制、週給制、月給制、年俸制などがあります。また
給料集計の基準日となる締め切り日（締め日）、給料支払日である支給日について、給与規程に定められ
ます。

③勤怠項目

　勤怠項目とは、日数や時間、回数など就労に関する情報です。この勤怠データによって給与計算が変動します。

- **日数**…………… 所定就労日、出勤日数、欠勤日数、休日出勤日数など

- **時間**…………… 労働時間、実働時間、休日出勤時間、遅刻早退時間、普通残業時間、深夜残業時間など

- **回数**…………… 遅刻早退回数など

- **労働時間**……… 使用者の指揮・監督下にあって、労働を提供している時間

- **法定労働時間**… 労働時間の上限は、休憩時間を除いて1日8時間、1週間に40時間（労働基準法）。例外として、常時10人未満の労働者を使用する一部の事業場（商店、理容業など）は、1週間44時間労働が認められている。なお、管理監督者や農林・畜産水産業の労働者には法定労働時間が適用されません。

- **36協定** ……… サブロク協定と読み、労働者と使用者の間で協定を定めることにより、法定労働時間および変形労働時間制による労働時間を延長することが可能となります（労働基準法第36条）。他の付随要件あり。

- **休憩**…………… 労働時間が6時間を越える場合は45分以上、8時間を超える場合は1時間以上の休憩を与えなければならない（労働基準法）。

- **残業**…………… 所定労働時間をこえて労働した時間

- **法内残業**……… 法定労働時間（1日8時間）内でおこなわれる残業。残業代として通常賃金の支払が必要。割増の義務はない。

- **時間外労働**…… 法定労働時間を越える残業。割増賃金を支払う必要がある。

- **割増賃金**……… 時間外労働の場合は、通常賃金に割増を加えた賃金を支払う必要があります。

労働内容	割増率	備考
時間外労働	25％以上	1日8時間以上の労働時間
深夜労働	25％以上	午後10時〜翌午前5時
休日労働	35％以上	法定休日
休日＋時間外労働	35％以上	休日労働自体が時間外労働とみるため
時間外＋深夜労働	50％以上	時間外（25％）＋深夜（25％）
休日＋深夜労働	60％以上	休日（35％）＋深夜（25％）

- **休日(法定休日)**… すくなくとも毎週1日の休日か、4週間を通じて4日以上の休日を与えなければならない（労働基準法）。週休2日制の場合、どの休日を法定休日とするか就業規則などで明確にすべきである。

④支給項目、控除項目

　労働者の収入となる基本給や各種手当などの支給項目は、会社によってさまざまな構成となっています。同様に収入から差し引かれる控除項目も会社によってその内容が異なります。

支給項目の例：基本給、役職手当、家族手当、通勤手当、休日出勤手当、残業手当

控除項目の例：健康保険料、介護保険料、厚生年金保険料、雇用保険料、所得税、住民税、財形貯蓄

⑤社会保険料

　社会保険は、医療保険、介護保険、年金保険で構成されており、法人の事業所は従業員を1人でも使用している場合は強制加入となっています。広義の社会保険といった場合には、労働保険を含めます。

　保険料は、給与所得などの収入に応じて決まります。この社会保険で保険対象となる収入を報酬とよび、所得税の対象範囲と必ずしも一致しません。例として、通勤費（通勤手当）は所得税法では非課税範囲が設けられていますが、社会保険では全額が報酬扱いとなります。社会保険料は、健康保険料、介護保険料、厚生年金保険料などで構成されており、使用者と労働者で負担します。

・健康保険法……労働者の業務外の原因による負傷疾病および被扶養者の負傷疾病に対する保険給付制度について定めた法律。負傷疾病で医療を受ける場合に医療費負担の軽減や、負傷疾病が原因で会社を休み給料が支給されない場合に手当を支給するなど生活を安定させることを目的とした社会保障制度の1つです。日本では国民皆保険とされ何らかの形で健康保険に加入することが定められています。企業の従業員が加入する健康保険には、企業グループで作った健康保険組合が運営する組合健康保険と全国健康保険協会が運営する協会管掌健康保険があります。企業の従業員以外の個人事業者や無職者は、市区町村が運営する国民健康保険に加入します。協会管掌健康保険の場合、健康保険料は使用者と労働者が折半で負担しています。

・厚生年金保険法…労働者の老齢、障害または死亡に対する保険給付制度について定めた法律。日本の公的年金制度は、1階が国民年金、2階が厚生年金、共済年金、3階が企業年金の3階建てとなっています。共済年金は公務員が加入する年金制度で、民間労働者は厚生年金保険に加入しています。日本の現行年金制度は、掛け金等の負担なく給付を受けられる無拠出制の年金ではなく、掛け金や保険料を負担し給付を受ける拠出制で、保険の仕組みを取っています。厚生年金保険料は、使用者と労働者が折半で負担しています。ただし、児童手当給付金は事業主の全額負担となっています。

⑥労働保険料

　労働保険とは、労働者災害補償保険（労災保険）と雇用保険をまとめた総称です。労災保険が業務上災害による疾病等に対する補償をおこない、雇用保険が失業した場合の給付等をおこなう制度です。労働者を1人でも雇用している事業主は加入義務があります。事業主である経営者は、加入することができません。加入等の手続は、労災保険は労働基準監督署、雇用保険は職業安定所でおこないます。

　保険料は、賃金の総額に保険料率を乗じた金額となります。この内、労災保険料は全額事業主の負担、雇用保険料は、事業主と労働者で一定の率で負担し納付します。保険料率は事業の種類によって異なります。

・**労働者災害保険法**…労働基準法で業務上の負傷疾病について使用者の負担で療養することを定め、この義務を実効性あるものにするため、労働者災害保険法が制定されました。使用者はあらかじめ保険料を払い込み、災害発生時に保険により補償をおこなう国の制度です。

・**雇用保険法**………労働者が失業した場合に労働者の生活と雇用の安定を図り、また雇用機会の増大、労働者の能力開発、福祉の増進を図る目的で制定されました。あらかじめ保険料を払い込み、雇用保険加人者が失業した場合に給付を受けられます。また失業を予防する目的の教育訓練給付や育児・介護休業給付が別にあります。保険料は使用者と雇用保険加人の労働者によって負担します。

⑦所得税の源泉徴収

　個人の所得は、所得税法において利子所得、配当所得、不動産所得、事業所得、給与所得、退職所得、山林所得、譲渡所得、一時所得、雑所得の10種類に区分されています。所得に対して課税徴収される所得税は申告納税制度（所得者自身が所得と税金を自主的に申告して納付する）を建前としていますが、徴収の便宜から、その所得の支払者が支払の際に税額を計算し徴収をおこなう源泉徴収制度が併設されています。源泉徴収の対象となっている所得は、給与所得や利子所得、配当所得、退職所得や年金などです。給料や報酬などの支払をする人は、源泉徴収義務を負います。

　給与所得では、控除前の支給金額が課税対象となりますが、通勤手当は所定の範囲内で非課税となります。

　課税対象となる支給金額の合計から社会保険料（雇用保険料を含む）を控除した金額を基準として源泉所得税を計算します。所得税額は課税対象金額と扶養家族の人数等で金額が異なり、段階的に税額が決められております。このために源泉徴収税額表が用意されています。源泉徴収した所得税の支払期限は、給与・報酬を支給した日の翌月10日です。

⑧所得税と年末調整

　所得税は、1月1日から12月31日までの1年間に生じた個人の所得に課税される税金で国税の1つです。自主的に申告し納税する申告納付制度となっており、申告期間は、毎年2月16日から3月15日です。これを確定申告といいます。所得税の確定申告で提出された書類の一部は、住民税の申告用として市区町村に送られます。

　会社員や公務員などの給与所得者は、確定申告に代えて、会社が所得税の確定計算をおこなう年末調整の制度があります。ただし、給与収入の1年間の合計が2,000万円を超える人、2ヶ所以上から給与収入のある人などは年末調整の対象外となっており確定申告の対象となります。また、年末調整をおこなった給与所得者も医療費控除を受ける場合などは確定申告をおこないます。

　課税方式は所得の種類によって、総合課税、源泉分離課税、申告分離課税に分かれます。給与は総合課税の所得です。

総合課税制度	他の所得と合計して所得税額を計算。 事業所得、不動産所得、給与所得、配当所得、一時所得、雑所得など
源泉分離課税制度	他の所得と分離して、所得を支払う者が支払の際に一定の税率で所得税を源泉徴収し、その納税で完結。 預金利息、定期積金の給付補てん金、既定の配当所得など
申告分離課税制度	他の所得と合計せず、分離して所得税額を計算。 山林所得、不動産譲渡所得、株式譲渡所得など

　総合課税の所得税の計算は次の通りです。

> （総所得金額－所得控除）× 税率 － 控除額

○**所得控除**：個人的事情を考慮して所得から差し引くことが可能となっています。

> 配偶者控除、扶養控除、社会保険料控除、生命保険料控除、地震保険料控除、医療費控除、基礎控除など

○**税率**：下表に示すとおり、超過累進税率が用いられています。

課税される所得金額	税率	控除額
195万円以下	5％	0円
195万円超～330万円以下	10％	97,500円
330万円超～695万円以下	20％	427,500円
695万円超～900万円以下	23％	636,000円
900万円超～1,800万円以下	33％	1,536,000円
1,800万円超～4,000万円以下	40％	2,796,000円
4,000万円超	45％	4,796,000円

○**税額控除**：住宅取得用借入金など一定の要件に該当する場合、控除算出額を所得税額から控除できます。

　年末調整は、1年間に源泉徴収した所得税の合計額を納めるべき所得税額に一致させる手続きです。必要となる各種書類を会社に提出し年末調整を実施します。差額が生じた場合、納めるべき所得税額より多い場合はその差額を本人に還付し、不足の場合は徴収します。

⑨住民税

　地方自治体が個人に課す税金で、その年の1月1日現在の住所地で、前年1月から12月までの1年間の所得に対し課税されます。道府県民税（東京都は都民税）と市町村民税（東京都23区は特別区民税）があり、地方税法にもとづき、市町村または特別区が一括して賦課徴収します。住民税の内容は、所得に対して課税される所得割と一定以上の所得があると平等に課税される均等割があります。

　給与所得者の場合、会社が各市区町村に報告書を提出します。この給与支払報告書にもとづき、住民税が計算されます。住民税の納付について、給与所得者には給与から差し引いて会社が納める特別徴収制度が設けられています。市区町村から会社宛に通知書が送られ、6月から翌年5月までの12回の分納になります。特別徴収の納付期限は翌月10日です。本人が納付する場合を普通徴収といい、6月、8月、10月、翌年1月の4回に分けて納めます。

○道府県民税の税率等

均等割額	年間1000円
所得割額	所得金額の4%

○市町村民税の税率等

均等割額	年間3,000円（人口50万人以上） 年間2,500円（人口5万人以上50万人未満） 年間2,000円（その他の市町村）
所得割額	所得金額の6%

※住所はないが、事務所や家屋敷がある場合、均等割が課税されます。

4-3 給与計算システム

　給与計算システムを利用する場合、給与規程関連のマスター、社員マスター等の情報をもとに、月次給与・賞与の処理をおこないます。

　月次給与では、勤怠情報を入力することで、支給金額、控除金額および差引支給額が自動計算されます。年末調整では、各種控除額を入力することで年度所得税額、過不足額が自動計算されます。

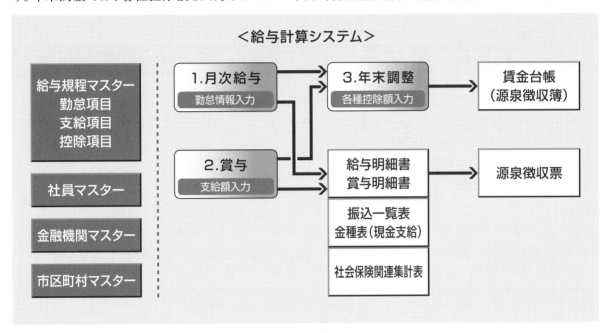

4-4 就業管理システム

　就業管理システムでは、従業員の出勤、退出、残業など日々の勤怠データの記録や集計がおこなえます。勤怠データの入力はタイムレコーダとの連動により、効率的におこなうことが可能となります。給与計算システムと就業管理システムとの連動により、給与計算でも入力作業は不要となり、給与計算業務全体の効率が上がります。

4-5 人事管理システム

　人事管理システムでは、社員の入社日、学歴、教育、資格などの人事情報を登録することで、人事情報の抽出・分析が可能となり、効率的な人事管理がおこなえます。人事部門の業務の効率化、人的資源の有効活用、社員の作業効率の向上、ひいては会社全体の活性化、経営の健全化とつながる重要なシステムです。人事情報、勤怠情報、給与情報の各システムの統合的な活用がより有効な情報提供を実現します。

5 法人と税金

所得税や住民税などが個人に課税されるように、法人に対しても課税されます。法人の所得に対し法人税・住民税・事業税が、消費に対し消費税が、資産に対し固定資産税等が課税されます。

5-1 法人

法人とは、法律によって人（自然人）と同じ権利義務の主体となることを認められた団体です。権利を有し義務を負います。法人は法律の規定に従って設立されます（民法第33条）。したがって、団体として法人以外の任意団体も多数存在します。団体は、人の集団である社団と財産の集合体である財団に区分されます。法律の規定によらないで設立される非営利的な団体のことを「権利能力なき社団・財団」「法人格なき社団・財団」とも呼びます。社会の多様化にともない、さまざまな任意団体が存在しますが、権利義務の主体になれないという点から活動自体に支障が生じる場合が見受けられます。これに対応するため、特定非営利活動促進法や一般社団・財団法人法が制定されています。

1	個　　　人	自然人	
2	法　　　人	社団法人	共同の目的のために結合した人の集団
		財団法人	一定の目的のために提供された財産を運営するために設立された法人
3	任意団体	権利能力なき社団、権利能力なき財団	

法人を区分する上で営利性がポイントとなることがあります。法人区分でいう法律上の営利とは、法人が経済活動によって得た利益をその構成員へ分配することを意味します。財団法人は財産の集合体として構成員はいないため、分配はありえず営利財団法人は存在しないことになります。社団法人である会社の構成員とは、出資者である株主をさし、分配は配当ということになります。営利性と公益性から団体を分類すると下表のようになります。

	非営利	営　利
公　益	国、地方公共団体、公益社団法人、公益財団法人、学校法人、社会福祉法人、宗教法人、医療法人、特定非営利活動法人（NPO）	電気会社、ガス会社、鉄道会社
非公益	労働組合、信用金庫、協同組合、共済組合、一般社団法人、業界団体、互助会、町内会	株式会社、合名会社、合資会社、有限会社、相互会社、合同会社、有限責任事業組合

※非営利法人は、政府や企業にない公共財・サービスを提供します。

4章

日本では、法人の設立について自由設立主義ではなく許可や認可、認証、準則主義を取っています。

許可主義	民法上の公益法人
認可主義	学校法人、医療法人、生活協同組合、農業協同組合、健康保険組合
認証主義	特定非営利活動法人（NPO）、宗教法人
準則主義	会社、一般社団法人、労働組合、中小企業等組合法にもとづく組合

●法人の根拠法
株式会社（会社法）、相互会社（保険業法）、一般社団・財団法人法、医療法人（医療法）、社会福祉法人（社会福祉法）、特定非営利活動法人（特定非営利活動促進法）、宗教法人（宗教法人法）、監査法人（公認会計士法）、弁護士法人（弁護士法）、税理士法人（税理士法）、行政書士法人（行政書士法）、農業協同組合（農業協同組合法）、政党（政党交付金の納付を受ける政党等に対する法人格の付与に関する法律）

5-2 税金

国や地方公共団体の運営に必要な経費をまかなうために国民から強制的に徴収する金銭が税金です。税金を使って、公共財（道路や橋など）や公共サービス（警察・消防、教育や福祉など）を提供します。

憲法で、納税の義務（第30条）と租税を課し徴収することは法律にもとづくという租税法律主義（第84条）が定められています。

税金には、国に納める国税と地方公共団体に納める地方税に分類され、また、税金を納める者と税金を負担する者が、同じである直接税と異なる間接税に分類されます。

	直接税	間接税
国　税	所得税、法人税、相続税、登録免許税、印紙税、自動車重量税	消費税、酒税、たばこ税、石油税、石油ガス税
地方税	住民税、事業税、事業所税、固定資産税、都市計画税、不動産取得税、自動車税、自動車取得税	地方消費税、ゴルフ場利用税、入湯税、道府県たばこ税

①法人税・地方法人税

法人税及び地方法人税とは、内国法人が事業年度に稼いだ所得に対して課税をおこなう国税の1つです。

会計上は収益と費用から損益を求めますが、法人税法では、益金と損金から所得が求められます。経営成績と課税の公平という計算目的の相違から収益と益金、費用と損金に一致しない部分があるため、会計上の損益を出発点として加算調整（益金算入・損金不算入）、減算調整（益金不算入・損金算入）をおこなって所得金額を求めます。

申告と納付は、納税者が自ら税法に従って所得と税額を正しく計算し納税するという申告納税制度を採っています。確定申告書の提出期限および税金の納付期限は事業年度終了の日の翌日から2ヶ月以内です。

○法人税法での法人の種類

種 類		例
内国法人	公共法人	地方公共団体、NHKなど
	公益法人	学校法人、宗教法人、社会福祉法人など
	人格のない社団等	町内会、PTA、政党、同窓会など
	協同組合等	農業組合、信用組合など
	普通法人	株式会社、有限会社、合名会社、合資会社、相互会社、医療法人、企業組合、一般社団法人など
外国法人		外国で設立された法人

※有限責任事業組合(LLP)は、出資者個人に課税されるため、上記の表には入りません。
※NPO法人は収益事業のみ課税

○法人税率

区 分	税 率
公益法人	収益事業から生じた所得に対し、低率課税(15%)
人格のない社団等	
協同組合等	所得に対し、低率課税(15%)
普通法人	所得に対し、普通税率課税(23.2%) (資本金1億円以下の法人で年800万円以下の所得は、15%)

○地方法人税

地方法人税額	法人税額×税率(10.3%)

②法人住民税

　法人住民税は、原則としてその都道府県・市区町村に事務所・事業所・寮等を有している法人が納める税金です。道府県民税と市町村民税があり、東京都の特別区のみの法人は法人都民税だけとなります。

　申告と納付は、法人税と同様の申告納税制度によります。確定申告書の提出期限および税金の納付期限は事業年度終了の日の翌日から2ヶ月以内です。

○法人住民税の内容

種 別	内 訳	内 容
都道府県民税	均等割額	資本金等に応じ、2万円から80万円まで課税
	法人税割額	法人税額を基礎として課税
市町村民税	均等割額	資本金等と従業員に応じて5万円から300万円まで課税
	法人税割額	法人税額を基礎として課税

○税率

	道府県民税	市町村民税
標準税率	5%	12.3%
制限税率	6%	14.7%

・東京都の場合

	税率	不均一課税適用法人
特別区(23区)	7%	10.4%
市町村	1%	2%

※不均一課税適用法人とは、資本金が1億円以下で、かつ法人税額が年1000万円以下の法人
※地方税法によって、標準税率の他、制限税率が設けられています。

③法人事業税・特別法人事業税

　法人事業税及び特別法人事業税は、その都道府県に事務所または事業所を設けて事業をおこなう法人が納める税金です。

　申告と納付は、法人税と同様の申告納税制度によります。確定申告書の提出期限および税金の納付期限は事業年度終了の日の翌日から2ヶ月以内です。

○法人事業税

所得金額 ＼ 法人区分	資本金1億円以下の普通法人、公益法人等	特別法人
年400万円以下	3.5%	3.5%
年400万円超800万円以下	5.3%	4.9%
年800万円超	7.0%	

※特別法人とは、協同組合・医療法人等
※地方税法により、標準税率の1.2倍の制限税率が設けられています。

○特別法人事業税

特別法人事業税額	法人事業税額×税率（37%）

④消費税

　消費税は、国内において事業者が事業として対価を得ておこなう資産の譲渡、資産の貸付、役務の提供に対し課税される間接税の1つです。税率は、10％（国税7.8％、地方税2.2％）。

　申告と納付は、法人税と同様の申告納税制度によります。確定申告書の提出期限および税金の納付期限は事業年度終了の日の翌日から2ヶ月以内です。

○中間申告

直前の課税期間の確定消費税額	中間申告
48万円以下	なし
48万円超、400万円以下	1回（半期）
400万円超、4800万円以下	3回（3ヶ月ごと）
4800万円超	11回（1ヶ月ごと）

5-3 法人税システム

　法人税システムを活用することで、法人税、法人住民税、法人事業税の申告業務をおこなうことができます。

第5章 製造業における業務と原価情報の活用

Chapter 5

　製造業において製品を製造するために発生する原価について、その種類、そして完成製品への集計方法・手続きを学びます。また、完成した製品である製造原価を意味する当期製品製造原価は、「製造原価報告書」という計算書によって集計表示されます。この報告書の各項目を読み取れることによって発生した製造原価の内訳を把握することができます。

　また、完成した製品のうち販売された製品の製造原価は、損益計算書において当期の売上高に対する売上原価として計算され、売上総損益が算定されます。

　製造業における製造原価の発生から収益の対応計算までの流れを理解し、売上原価の自動計算に必要な月次決算整理仕訳や勘定奉行によるデータ集計・表示の操作方法までをしっかり学習しましょう。

1 製造業のしくみ

製造業とは、材料、労働力、設備、技術を集め、製品を製造して販売する企業の業態です。大きな特徴は、企業内部の活動で製品の製造がおこなわれ、製品の製造に投入された原価が集計されることです。計算された製品の製造原価を基礎に、製品販売価格が決定されます。

1-1 製品の製造原価

製品がどのような原価で製造されているかを分類するには、いくつかの視点があります。そのひとつに、発生する形態によって分類する方法が一般的です。これは、製造原価報告書（166ページ参照）の区分と一致します。

①発生形態による分類

分　類	内　　　　　容
材　料　費	製品の主要な部分となる素材や原料、買入部品。また、くぎやボルトのような工場消耗品、ペンチなどの消耗工具や耐用年数が1年以内の価格が安い器具、備品などです。
労　務　費	製造現場で働く従業員や工場長の給与、賞与、および住宅手当などの諸手当。また、アルバイトなどに支払われる雑給、企業が負担する法定福利費も含まれます。
経　　費	外部の業者へ加工を依頼する費用である外注加工費、他人の所有する特許権の使用料のほか、材料費、労務費以外の光熱費、賃借料、減価償却費、通信費などの諸経費です。

②製品との関係による分類

製品ごとに直接的に認識できる製造原価か、各種の製品の製造のために共通に発生した製造原価かによって、直接費と間接費に分類することができます。

分　類	内　　　　　容
製造直接費	たとえば、その材料は、特定の製品の製造に使用し、他の製品に使用しない場合は、直接材料費になります。
製造間接費	たとえば、工場長の給与のように、どの製品にいくら発生したかが不明な給与は、間接労務費になります。

経費の多くは、共通に発生する製造間接費です。しかし、外注加工費や特許権使用料は、どの製品に使用するかが明らかな場合が多く、一般的に製造直接費として処理されます。

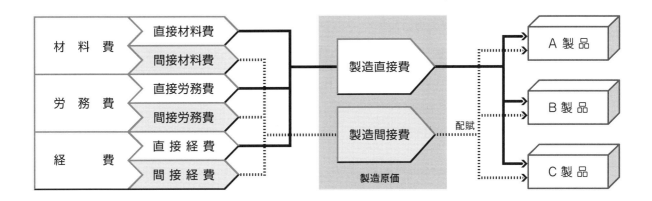

　また、直接材料費を主要材料、間接材料を補助材料などと呼ぶ場合もあります。

③生産や稼働（操業度）との関係による分類

　生産や操業度などとの関連で、製造原価がどのように発生するかを分類する方法があります。つまり、製品の生産量に関係なく、一定の生産設備を維持するためなどに発生する固定費と生産量などの比例的に発生する製造原価である変動費に分類することができます。

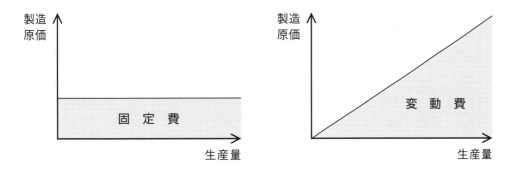

　ある範囲では、生産量が変化しても固定的な発生額であっても、その範囲を超えると次の固定的な水準へ移行する場合などは、準固定費と呼ぶ場合があります。同様に、電力量などのように契約するだけで、使用しなくても発生する準変動費などに分類する場合もあります。

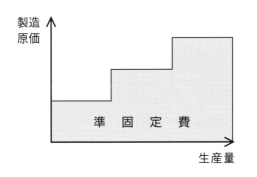
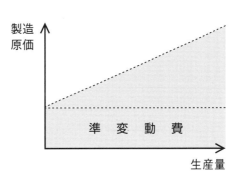

④総原価と販売費および一般管理費

　製品を製造するためにかかった費用を製造原価と呼ぶのに対して、製品を販売するために要した販売費や一般管理費を加えて総原価と呼ぶ場合があります。

　会計ソフトでは、仕訳入力の段階でその支出が製品の製造に関係した費用か、販売費および一般管理費にあたる費用かを区別します。製造に関する勘定科目を選択すれば製造原価報告書（166ページ参照）へ集計・表示され、製造以外の販売費および一般管理費に関する勘定科目を選択すれば損益計算書に集計・表示されます。

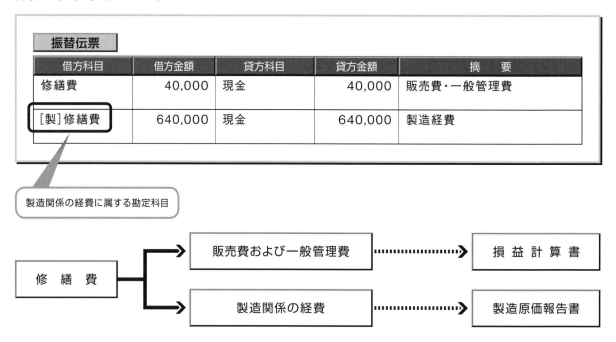

振替伝票				
借方科目	借方金額	貸方科目	貸方金額	摘　　要
修繕費	40,000	現金	40,000	販売費・一般管理費
［製］修繕費	640,000	現金	640,000	製造経費

製造関係の経費に属する勘定科目

修　繕　費 → 販売費および一般管理費 ┈┈> 損 益 計 算 書
修　繕　費 → 製造関係の経費 ┈┈> 製造原価報告書

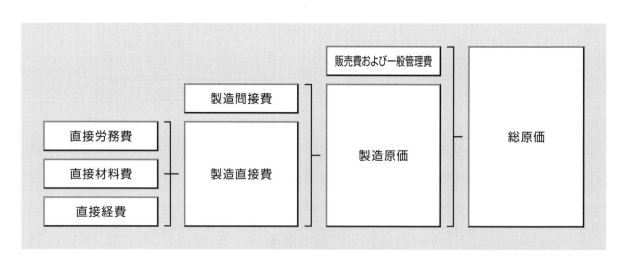

1-2 製造原価の計算

　製品を製造するために発生した費用をすべて集計し、生産された製品と対応させて製品の製造原価を計算します。製造業の場合は、1ヶ月を計算期間として製品の製造原価を計算します。このとき、月初において先月から製造途中の製品があれば、その製品から製造して完成させます。

①当月（当期）の製品製造原価

　月末において製造途中の製品は次月に完成させます。このような製造途中の製品を仕掛品（しかかりひん）と呼びます。1ヶ月間で完成した製品の製造原価を計算するためには、月初仕掛品と月末仕掛品に集計された製造原価を調整する必要があります。

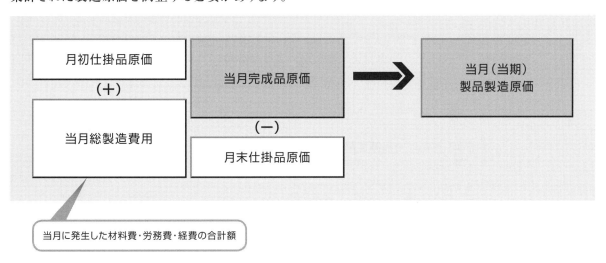

②総合原価計算と個別原価計算

　製造業では、個別原価計算と総合原価計算と呼ばれる計算方法があります。個別原価計算による計算方法は、製品を受注して製造する場合やロット（一定の個数）ごとに生産を繰り返す生産形態に適用されます。この場合、製品（ロット）ごとに製造原価を集計して、完成した製品の製造原価を計算します。他方、総合原価計算による計算方法は、連続して大量に生産する製造業に適用され、一定の計算期間（1ヶ月）で発生した製造原価を集計し、製造途中の仕掛品の製造原価を按分計算で調整して完成製品の製造原価を計算します。

　つまり、個別原価計算は製品ごとに原価を集計して完成品、仕掛品の製造原価を把握するのに対して総合原価計算では期間で原価を集計し、仕掛品の製造原価を按分計算してから完成品の製造原価を求める方法に特徴があります。

③当月（当期）製品製造原価を求める月末処理（仕掛品）

　月中では仕訳入力の段階で製品の製造に関係した勘定科目で処理されれば、材料費、労務費、経費等の製造費用として集計されています。そこで、当月に完成した製品原価である『当月（当期）製品製造原価』を自動計算するために、下記の月末処理が必要になります。

●会計年度の初めての月末処理

	借方科目	借方金額	貸方科目	貸方金額	摘　　要
①	690 期首仕掛品棚卸高	×××	163 仕掛品	×××	月初仕掛品
②	163 仕掛品	×××	692 期末仕掛品棚卸高	×××	月末仕掛品

（表上部に「振替伝票」）

　この仕訳によりコンピュータ会計では、次のような計算が自動におこなわれ、製造原価報告書（166ページ参照）の当月製品製造原価が計算・集計されます。

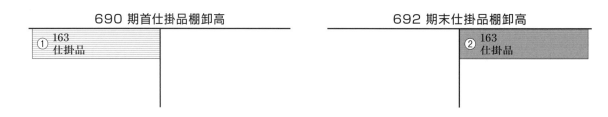

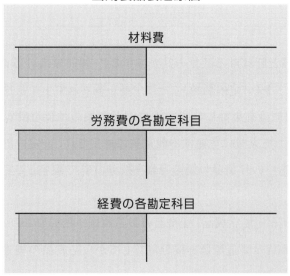

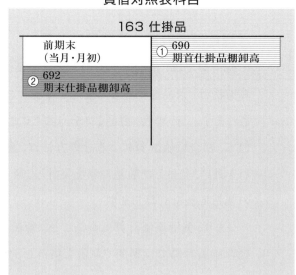

●2ヶ月目以降の月末処理

	借方科目	借方金額	貸方科目	貸方金額	摘　　要
③	692 期末仕掛品棚卸高	×××	163 仕掛品	×××	月初仕掛品
④	163 仕掛品	×××	692 期末仕掛品棚卸高	×××	月末仕掛品

振替伝票

　次月以降は、月末仕掛品棚卸高について、前月末の仕掛品と当月末の仕掛品を入れ替えることにより、当月末までの累計の製品製造原価を算定することができます。

690 期首仕掛品棚卸高

163 仕掛品	

692 期末仕掛品棚卸高

当期製品製造原価

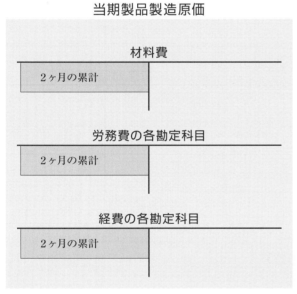

貸借対照表科目

④当月（当期）材料費を求める月末処理

　月初において繰り越された材料棚卸高や月末における未消費の材料棚卸高がある場合、当月に発生した材料費を計算するため次のような月末処理をする必要があります。この月末処理によって、当月に消費した材料費の計算が可能となります。

●材料費の月末処理（会計年度の初めての月末処理）

	借方科目	借方金額	貸方科目	貸方金額	摘　　要
⑤	620 期首原材料棚卸高	×××	162 原材料	×××	月初の材料
⑥	162 原材料	×××	635 期末原材料棚卸高	×××	月末の材料

振替伝票

620 期首原材料棚卸高

⑤ 162 原材料

635 期末原材料棚卸高

⑥ 162 原材料

623 原材料仕入高

当月の購入高

貸借対照表科目

162 原材料

前期末（当月・月初）　　　⑤ 620 期首原材料棚卸高

⑥ 635 期末原材料棚卸高

●材料費の月末処理（2ヶ月目以降の月末処理）

借方科目	借方金額	貸方科目	貸方金額	摘　　要
635 期末原材料棚卸高	×××	162 原材料	×××	月初の材料
162 原材料	×××	635 期末原材料棚卸高	×××	月末の材料

振替伝票

　次月以降は、月末材料棚卸高について、前月末の棚卸高と当月末の棚卸高を入れ替えることにより、当月末までの累計の材料費（材料消費高）を算定することができます。

⑤製品の売上原価を求める月末処理

この処理は、商品勘定、期首商品棚卸高勘定、期末商品棚卸高勘定、仕入高勘定における売上原価の算定と同じ考え方です。仕入高に該当する項目が「当期製品製造原価」になります。

●製品の売上原価を求める月末処理（会計年度の初めての月末処理）

振替伝票

借方科目	借方金額	貸方科目	貸方金額	摘　　要
601 期首製品棚卸高	×××	161 製品	×××	月初製品棚卸高
161 製品	×××	615 期末製品棚卸高	×××	月末製品棚卸高

●製品の売上原価を求める月末処理（2ヶ月目以降の月末処理）

振替伝票

借方科目	借方金額	貸方科目	貸方金額	摘　　要
615 期末製品棚卸高	×××	161 製品	×××	月初製品棚卸高
161 製品	×××	615 期末製品棚卸高	×××	月末製品棚卸高

次月以降は、月末製品棚卸高について、前月末の棚卸高と当月末の棚卸高を入れ替えることにより、当月末までの累計の（製品）売上原価を算定することができます。

製品を製造・販売していると同時に、商品の仕入販売、サービスの提供によって売上を計上している場合は、商品に関する売上原価の計算やサービスの提供による売上高の計算が必要になります。

製品の製造に関する計算は、製造原価報告書によって集計・表示することができます。当月(当期)に発生した総製造費用を集計し、月初仕掛品、月末仕掛品を加算、減算して当月(当期)製品製造原価を求めることができます。

①製造原価報告書

製造原価報告書は、次のような内容が記載されています。

製造原価報告書

自×5年4月 1日
至×5年4月30日

(単位:円)

【材料費】

期首原材料棚卸高	(6,946,821)	
原材料仕入高	(27,268,018)	
合　　　　　計	(34,214,839)	
期末原材料棚卸高	(4,352,695)	
原材料費合計		(29,862,144)

【労務費】

賃　　　　　金	(2,356,450)	
法定福利費	(353,780)	
福利厚生費	(75,800)	
労務費合計		(2,786,030)

【製造経費】

外注加工費	(21,964,278)	
旅費交通費	(88,700)	
通信費	(9,583)	
消耗品費	(112,518)	
水道光熱費	(1,558,420)	
消耗工具費	(318,895)	
租税公課	(285,600)	
減価償却費	(1,109,236)	
製造経費合計		(25,447,230)

当期総製造費用	(58,095,404)
期首仕掛品棚卸高	(0)
合　　　　　計	(58,095,404)
期末仕掛品棚卸高	(0)
当期製品製造原価	(58,095,404)

当月に発生した製造費用の合計

②勘定奉行による製造原価報告書の集計・表示

① 【会計帳票】－【3.合計残高試算表】－【1.合計残高試算表】をクリックします。

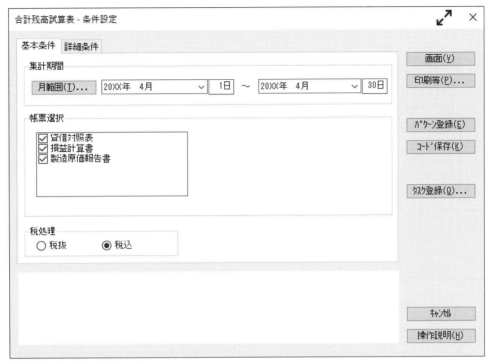

② 基本条件タブにて、「集計期間」、「帳票選択」、「税処理」を指定します。

　集計期間 ：「日次」・「月次」・「期間」の指定

　帳票選択 ：「貸借対照表」・「損益計算書」・「製造原価報告書」の選択

　税 処 理 ：「税抜」・「税込」の指定

③ 【画面】ボタンをクリックします。

③勘定奉行による製造原価報告書と損益計算書

合計残高試算表

OBCアートステンレス工業株式会社

自 ××年 4月 1日 至 ××年 4月 30日

【税込】
（単位：円）

科目名	繰越残高	借方	貸方	残高
期首材料棚卸高	0	6,946,821	0	6,946,821
材料仕入高	0	27,268,018	0	27,268,018
期末材料棚卸高	0	0	4,352,695	4,352,695
材料費	0	34,214,839	4,352,695	29,862,144
賃金	0	2,356,450	0	2,356,450
法定福利費	0	353,780	0	353,780
福利厚生費	0	75,800	0	75,800
労務費	0	2,786,030	0	2,786,030
旅費交通費	0	88,700	0	88,700
通信費	0	9,583	0	9,583
消耗品費	0	112,518	0	112,518
水道光熱費	0	1,558,420	0	1,558,420
消耗工具費	0	318,895	0	318,895
租税公課	0	285,600	0	285,600
減価償却費	0	1,109,236	0	1,109,236
外注加工費	0	21,964,278	0	21,964,278
外注加工費	0	21,964,278	0	21,964,278
製造経費	0	25,447,230	0	25,447,230
当期総製造費用	0	62,448,099	4,352,695	58,095,404
棚卸調整	0	0	0	0
当期製品製造原価	0	62,448,099	4,352,695	58,095,404

合計残高試算表

OBCアートステンレス工業株式会社

自 ××年 4月 1日 至 ××年 4月 30日

【税込】
（単位：円）

科目名	繰越残高	借方	貸方	残高
売上高	0	0	68,143,225	68,143,225
純売上高	0	0	68,143,225	68,143,225
期首製品棚卸高	0	16,357,241	0	16,357,241
当期製品製造原価	0	62,448,099	4,352,695	58,095,404
期末製品棚卸高	0	0	21,300,930	21,300,930
売上原価	0	78,805,340	25,653,625	53,151,715
売上総利益	0	0	14,991,510	14,991,510

製造原価報告書の末尾で計算された「当期（当月）製品製造原価」は、当月に完成した製品の製造原価です。そのうち、当月に売り上げた製品の製造原価が、売上高に対応する売上原価として算定されます。

前月に未販売の製品棚卸高がある場合、また、当月末に未販売の製品棚卸高がある場合には、売上原価の計算が必要になります。《1-2-⑤》（165ページ）の月末処理によって製造原価報告書、損益計算書の内訳が計算・集計されます。

図解すれば、次のようになります。

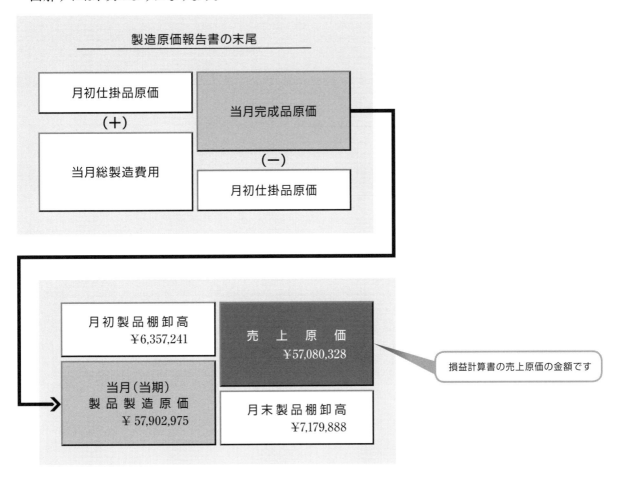

模擬問題

practice exam

電子会計実務検定試験2級の模擬問題にチャレンジしてみましょう。

この章では、電子会計実務検定試験の模擬問題の出題および解答・解説をします。

模擬問題は、次のような構成になっています。

区　分	内　　容	形　式	問題数
問題1	電子会計情報の活用、関連業務からの業務データの活用、電子会計データの保管・管理に関する知識問題	空欄補充問題	6題
問題2	会計ソフトを利用したデータ入力 各種財務金額を直接問う問題	金額記入問題	10題
問題3	実績資金繰り表から資金の状況を判断する問題	空欄補充問題	5題

問題2では、実際に会計ソフトを使用して会計データを入力し、入力した結果を見ながら解答します。模擬問題の会計データはOBCホームページからダウンロードしてください。ダウンロードの方法は、194ページで説明しています。

ダウンロードした会計データには、すでに一部の会計データが入力されています。問題の指示に従って会計データを追加してください。

模擬問題

1 A問題

問題1

次の文章の空欄に最も適当と思われる語句を語群から選んで記号でこたえなさい。

No.	問題および語群
1	在庫管理ソフトでは、得意先に商品を販売した場合に、商品の ① 処理をします。販売管理ソフトと在庫管理ソフトが連動している場合には、販売管理ソフトで ② 処理をした商品は、自動的に在庫管理ソフトで ① 処理がおこなわれます。 **語群** ア．入庫　イ．出庫　ウ．在庫　エ．棚卸 　　　オ．仕入　カ．売上　キ．会計　ク．伝票
2	期末の棚卸商品が期首に比べて増加している場合は、その分だけ資金が ③ している。期末棚卸高が増加するということは、 ④ が減少していることを意味している。 **語群** ア．増加　イ．減少　ウ．費用化　エ．形骸化 　　　オ．売上総利益　カ．営業利益　キ．売上原価　ク．販売費
3	関連企業に部材を提供し、指示通りの部品などが製造・納品された場合は、 ⑤ として製造原価に計上する。また、その部品等が、製品ごとに集計・把握されている場合は、 ⑥ として処理することになる。 **語群** ア．材料費　イ．労務費　ウ．経費　エ．主要材料 　　　オ．補助材料　カ．製造直接費　キ．製造間接費　ク．変動費
4	損益計算書と貸借対照表の会計情報を活用して、企業が調達した株主資本に対してどの程度効率よく利益をあげているかを表した指標を ⑦ という。 **語群** ア．売上高利益率　イ．損益分岐点　ウ．貢献利益率　エ．固定長期適合率 　　　オ．株主資本利益率　カ．当期純利益率　キ．変動比率　ク．流動比率
5	会計ソフトの預金データの入力は、振込依頼書や ⑧ などからおこなう。また、口座ごとに勘定科目や補助科目を設定して処理する。 **語群** ア．振込通知書　イ．預金通帳　ウ．小切手　エ．資金繰り表 　　　オ．残高証明書　カ．請求書　キ．領収書　ク．返済計画表
6	製造原価報告書に記載されている「当期製品製造原価」とは、当期の ⑨ を意味しており、期首と期末の製品棚卸高を加減算して当期の売上原価を算定する。 **語群** ア．総製造費用　イ．当期投入費用　ウ．製品販売原価　エ．完成品原価 　　　オ．製造費用発生額　カ．総原価　キ．製造原価　ク．製品単位原価

解答欄

No.1	①	②	No.2	③	④	No.3	⑤	⑥
No.4	⑦		No.5	⑧		No.6	⑨	

株式会社サードニックス電子工業（以下「当社」という。）について、次の資料にしたがって、5月分の必要な会計処理をおこない、下記の設問に答えなさい。

＜資料＞

1. 当社の概要

会 社 名	株式会社サードニックス電子工業		
会計期間	4月1日～翌3月31日	資 本 金	8,000万円
業　　種	精密機械の製造業	消 費 税	課税事業者（本則課税）、税抜経理方式

2. 4月分の取引及び5月分の取引のうち、一部の取引についてはすでに入力済みである。また、会計処理にあたっては、すでに入力済みの処理を参考にするとともに、新たな勘定科目や補助科目の追加はおこなわないものとする。

   なお、5月分の取引ですでに入力が終了しているものは、次のとおりである。

   (1) 4月分電話料金
   (2) 次の4月分経費の総合振込による支払
       4月分材代、4月分外注加工費、4月分運送費、4月分従業員等立替金精算、4月分文具代
   (3) インターネットバンキング手数料
   (4) 4月分売掛金の回収
   (5) 4月分給料
   (6) 労働保険料支払
   (7) 電気料金、水道料金、ガス料金の支払
   (8) 5月分経費の未払計上
       運送料、営業旅費、営業雑費、製造雑費、電話料金、文具代、電気料金、水道料金、ガス料金、労働保険料事業主負担額
   (9) 5月分減価償却月割

3. 製品の販売について

   顧客からの注文により、精密機械を製造販売している。売上高は、その月に完成・出荷したものを月末に計上している。販売代金は、翌月10日までに当社の普通預金口座に振込入金される。

   製品の販売は、販売管理ソフトにより管理している。顧客ごとの売掛金管理は、販売管理ソフトでおこなっているため、売掛金勘定に補助科目を設けていない。

   販売管理ソフトから出力した5月分の販売高合計は、次のとおりである。

集計期間	本月売上高	消費税額	本月請求額
5/1～5/31	14,530,910	1,453,090	15,984,000

4. 材料および外注加工費について

材料を仕入先から購入し、その加工を外注先に依頼している。材料購入額および外注加工費は、その月に購入または発生したものを月末に計上している。代金は、翌月10日までに同社の指定口座にインターネットバンキングを利用して総合振込をしている。

材料および外注加工費は、購買管理ソフトにより管理している。仕入先および外注先ごとの買掛金管理は購買管理ソフトでおこなっているため、買掛金勘定に補助科目を設けていない。

購買管理ソフトから出力した5月分の材料購入額および外注加工費発生額は次のとおりである。

区分	集計期間	購入・発生額	消費税額	合計額
材料購入額	5/1〜5/31	6,200,000	496,000	6,696,000
外注加工費発生額	5/1〜5/31	3,800,000	304,000	4,104,000
合　計		10,000,000	800,000	10,800,000

5. 役員報酬・給料手当について

当社の給与計算期間は、毎月1日〜月末であり、翌月15日にインターネットバンキングにより各従業員等の口座に振込んでいる。なお、毎月末に当月発生分の給料等を未払計上している。

●5月分の給与明細一覧表

摘　要	役員報酬	給　料	賃　金	合　計
役員報酬	500,000			500,000
基本給		220,000	1,390,000	1,610,000
諸手当		30,000	110,000	140,000
総支給額	500,000	250,000	1,500,000	2,250,000
健康保険料	24,925	12,961	54,774	92,660
介護保険料	4,300		1,200	5,500
厚生年金保険料	43,685	22,716	100,302	166,703
雇用保険料		1,250	7,500	8,750
所得税	19,130	9,580	56,560	85,270
住民税	18,000	10,000	40,200	68,200
控除額計	106,390	52,197	268,496	427,083
差引支給額	393,610	197,803	1,231,504	1,822,917

6. 法定福利費について

当社は、毎月末に当月分の健康保険料、介護保険料、厚生年金保険料の事業主負担額を未払計上している。事業主負担額は、役員及び従業員から預かる金額と同額とする。

7. その他の支払等について

その他の支払等については、次の普通預金通帳から判断して処理しなさい。なお、行頭に「＊」の付してある取引については、すでに入力済みである。

年 月 日	摘要	お支払金額	お預り金額	差引残高	
×-5-01	繰越			8,648,520	
＊×-5-06	電話	104,800		8,543,720	
＊×-5-10	振込		17,280,000	25,823,720	
＊×-5-10	インターネット	14,385,925		11,437,795	
＊×-5-10	手数料	3,150		11,434,645	
×-5-10	税金等	83,220		11,351,425	※1
×-5-10	税金等	68,200		11,283,225	※2
＊×-5-15	インターネット	1,812,675		9,470,550	※3
＊×-5-20	税金等	264,500		9,206,050	※4
＊×-5-22	電気	314,865		8,891,185	
＊×-5-23	水道	38,642		8,852,543	
＊×-5-24	ガス	74,689		8,777,854	
×-5-25	口座振替	95,186		8,682,668	※5
×-5-31	税金等	529,726		8,152,942	※6
×-5-31	税金等	1,265,000		6,887,942	※7
×-5-31	税金等	2,235,700		4,652,242	※8

普通預金

※1：源泉所得税の納付額であり、4月中に支払った給与等（3月分給料等）から徴収したものである。

※2：住民税額の納付額であり、4月中に支払った給与等（3月分給料等）から徴収したものである。

※3：4月分の役員報酬および給料の支払額である。

※4：労働保険料の支払である。金額は昨年度確定保険料と概算保険料の差額4,500円と当年度概算保険料260,000円の合計額である。昨年度の差額は、昨年度末に未払計上している。

※5：長期借入金の返済である。下記返済予定表を参照

借入金返済予定表

株式会社サードニックス電子工業様　　　　　　　　　株式会社 ヤマト銀行

融資金額	10,000,000円	利率	2.70%	融資日	H△/9/25
融資期間	10年	毎月返済額	95,186円		

返済日	返済額	元本	利息	合計
H×/4/25	95,186円	73,263円	21,923円	95,186円
H×/5/25	95,186円	74,133円	21,053円	95,186円

※6：4月分の社会保険料の支払額である。（すでに入力済み3月分参照のこと）

※7：前期確定法人税等の納付額である。同額を前期末決算において未払法人税等勘定に計上している。

※8：前期確定消費税等の納付額である。同額を前期末決算において未払消費税勘定に計上している。

8. 月末在庫について

材料は、在庫管理ソフトにより管理している。材料の5月末在庫金額の合計額は、1,107,750円である。

また、製品および仕掛品の5月末在庫金額は、5月の原価計算表より求めること。

原価計算表（X/5/1～X/5/31）

摘要	製品B	製品D	製品E	合計
直接材料費	4,127,750	3,152,100	2,101,400	9,381,250
外注加工費	1,976,000	1,459,200	364,800	3,800,000
直接費計	6,103,750	4,611,300	2,466,200	13,181,250
製造間接費	6,368,782	3,485,620	871,410	10,725,812
当期製造費用	12,472,532	8,096,920	3,337,610	23,907,062
前月繰越額	5,482,000	6,432,100	1,790,920	13,705,020
製造原価	17,954,532	14,529,020	5,128,530	37,612,082
備考	当月完成 出荷準備中	製作中	製作中	

No.	問　題
1	現金預金合計の5月末残高
2	所得税預り金の5月末残高
3	仮払消費税の5月末残高
4	長期借入金の5月末残高
5	5月の資産合計
6	5月末の総売上高
7	5月末の期首製品棚卸高
8	5月末の給料手当合計（製造費用）
9	5月末の法定福利費合計（販管費）
10	5月末の営業利益

設問 次の金額を答えなさい。

解答欄

No.1	円	No.2	円
No.3	円	No.4	円
No.5	円	No.6	円
No.7	円	No.8	円
No.9	円	No.10	円

株式会社Ａ商事の次の資料にしたがって、下記の設問に答えなさい。

＜資料＞

実績資金繰り表

(単位：千円)

		月　度	4月	5月	6月
		前月現預金残高	2,200	4,317	4,522
経常収支	経常収入	現金売上	680	550	500
		売掛金回収	3,000	2,800	2,000
		手形回収	0	0	0
		受取利息	0	0	0
		その他の経常収入	12	10	10
		計	3,692	3,360	2,510
	経常支出	現金仕入	500	380	460
		買掛金支払	1,200	1,000	1,100
		支払手形決済	0	0	0
		人件費	400	500	1,000
		営業経費	390	790	330
		支払利息	5	5	15
		その他の経常支出	0	400	0
		計	2,495	3,075	2,905
		経常収支差額	1,197	285	▲395
その他の収支	その他の収入	借入金収入	1,000	0	0
		設備等売却収入	0	0	0
		その他	0	0	0
		計	1,000	0	0
	その他の支出	借入金返済	80	80	300
		設備等取得支出	0	0	500
		その他	0	0	0
		計	80	80	800
		その他の収支差額	920	▲80	▲800
		当月収支差額	2,117	205	▲1,195
		次月繰越現預金残高	4,317	4,522	3,327

＜留意事項＞

1. 5月に新製品を発表したので、同月に多額のイベント開催の支出があった。

2. 5月に400千円の税金の納付があった。

3. 4月にＧ銀行から1,000千円の追加借入れをおこなった。この借入金の返済は、利息を含めて6月から開始している。

4. 上記3により借入れた資金は、5月に実施したイベント開催費にあてられた。

5. 得意先Ｈの経営不振により、6月の売掛金回収額が予定を大きく下回っている。

設問 株式会社A商事の資金の状況を説明した下記の各文章の空欄に最も適当と思われる語句を語群から選んで記号で答えなさい。

No.	問題および語群
1	当月の収支差額のマイナスが多額になった月は ① で、経常収入が他の月と比べて最も少なかった原因は、 ② の減少である。 **語群** ア．4月　　　イ．5月　　　ウ．6月　　　エ．その他の経常収入 オ．売掛金の回収　カ．現金売上　キ．雑収入　　ク．手形の回収
2	6月の経常収支差額が ③ となった原因の一つは、 ④ である。 **語群** ア．営業経費の増加　イ．銀行借入　　ウ．人件費の増加　エ．税金の納付 オ．手形の支払　　　カ．備品の購入　キ．プラス　　　　ク．マイナス
3	5月のその他の収支差額は、 ⑤ によるものである。 **語群** ア．売掛金の回収　イ．借入金の返済　ウ．銀行借入　　エ．税金の納付 オ．手形の支払　　カ．備品の購入　　キ．プラス　　　ク．マイナス
4	経常支出が他の月と比べて最も多かった月は ⑥ で、その原因は、税金の納付と ⑦ である。 **語群** ア．4月　　　　イ．5月　　　　ウ．6月　　　　エ．営業経費の増加 オ．銀行借入　　カ．賞与の支払　キ．手形の決済　ク．備品の購入
5	その他の収支差額が他の月と比べて最もマイナスが多かった月は6月で、 ⑧ があったからである。 **語群** ア．健康診断　　イ．社員旅行　　ウ．従業員の採用　エ．賞与の支給 オ．新人研修　　カ．税金の納付　キ．備品の購入　　ク．利息の支払

解答欄

No.1	①	②	No.2	③	④	No.3	⑤
No.4	⑥	⑦	**No.5**	⑧			

2 B問題

問題1

次の文章の空欄に最も適当と思われる語句を語群から選んで記号でこたえなさい。

No.	問題および語群
1	製造原価を変動費と固定費に分解し、売上高から変動費を差し引いて ① を算定する。この ① から固定費の金額を差し引いた結果、営業利益が¥0となる売上高を ② 売上高という。 **語群** ア. 売上総損益　　イ. 貢献利益　　ウ. 製造マージン　　エ. 変動売上原価 　　　　オ. 均衡点　　　カ. 損益分岐点　　キ. 工場閉鎖点　　ク. 利益限界点
2	設備を現金で購入した場合、取得原価を資産として計上するので ③ には影響しない。また、減価償却費は、 ③ において費用として計上することになるので利益が減少する。一方、資金計算において減価償却費の金額は、 ④ ということになる。 **語群** ア. 資金増加　　　イ. 資金減少　　ウ. 影響なし　　エ. 費用計算 　　　　オ. 資金の悪化　カ. 利潤計算　　キ. 財産計算　　ク. 損益計算
3	会計ソフトから出力された貸借対照表としての純資産は、企業の株主等から出資を受けた資本金や資本剰余金などの ⑤ と、それ以外の評価・換算差額等や ⑥ に区別表示される。 **語群** ア. 株主資本　　イ. 経常利益　　ウ. 資産　　　　エ. 当期純利益 　　　　オ. 他人資本　　カ. 新株予約権　キ. 負債　　　　ク. 流動資産
4	付加価値の計算方法には、人件費、地代家賃、支払利息、減価償却費、租税公課、当期純利益の合計額を求める ⑦ がある。 **語群** ア. 購買価値法　イ. 加減法　　　ウ. 純利益法　　エ. 付加価値法 　　　　オ. 控除法　　　カ. 直接法　　　キ. 加算法　　　ク. 間接法
5	仕入や経費の代金の支払いサイトが従来より短くなった場合は、資金の状況は ⑧ ということになる。 **語群** ア. 悪化　　　　イ. 改善　　　　ウ. 増加　　　　エ. 圧縮 　　　　オ. 余剰　　　　カ. 固定化　　　キ. 抑制　　　　ク. 影響なし
6	在庫管理ソフトから出力される在庫理情報と実際の棚卸高とをチェックするために、一定の時期に ⑨ を行わなければならない。 **語群** ア. 売上高　　　イ. 購買データ　ウ. 仕入高　　　エ. 棚卸 　　　　オ. 仕訳　　　　カ. データ管理　キ. 転記　　　　ク. 入庫

解答欄

No.1	①	②	No.2	③	④	No.3	⑤	⑥
No.4	⑦		No.5	⑧		No.6	⑨	

模擬問題

株式会社ベリドット電子工業（以下「当社」という。）について、次の資料にしたがって、5月分の必要な会計処理をおこない、下記の設問に答えなさい。

＜資料＞

1. 当社の概要

会 社 名	株式会社ベリドット電子工業		
会計期間	4月1日〜翌3月31日	資 本 金	10,000万円
業　　　種	精密機械の製造業	消 費 税	課税事業者（本則課税）、税抜経理方式

2. 4月分の取引及び5月分の取引のうち、一部の取引についてはすでに入力済みである。また、会計処理にあたっては、すでに入力済みの処理を参考にするとともに、新たな勘定科目や補助科目の追加はおこなわないものとする。

   なお、5月分の取引ですでに入力が終了しているものは、次のとおりである。
   - (1) 4月分電話料金
   - (2) 次の4月分経費の総合振込による支払
       4月分材料代、4月分外注加工費、4月分運送費、4月分従業員等立替金精算、4月分文具代
   - (3) インターネットバンキング手数料
   - (4) 4月分売掛金の回収
   - (5) 4月分給料
   - (6) 労働保険料支払
   - (7) 電気料金、水道料金、ガス料金の支払
   - (8) 5月分経費の未払計上
       運送料、営業旅費、営業雑費、製造雑費、電話料金、文具代、電気料金、水道料金、ガス料金、労働保険料事業主負担額
   - (9) 5月分減価償却月割

3. 製品の販売について

   顧客からの注文により、精密機械を製造販売している。売上高は、その月に完成・出荷したものを月末に計上している。販売代金は、翌月10日までに当社の普通預金口座に振込入金される。
   製品の販売は、販売管理ソフトにより管理している。顧客ごとの売掛金管理は、販売管理ソフトでおこなっているため、売掛金勘定に補助科目を設けていない。
   販売管理ソフトから出力した5月分の販売高合計は、次のとおりである。

集計期間	本月売上高	消費税額	本月請求額
5/1〜5/31	28,237,091	2,823,709	31,060,800

4. 材料および外注加工費について

　　材料を仕入先から購入し、その加工を外注先に依頼している。材料購入額および外注加工費は、その月に購入または発生したものを月末に計上している。代金は、翌月10日までに同社の指定口座にインターネットバンキングを利用して総合振込をしている。

　　材料および外注加工費は、購買管理ソフトにより管理している。仕入先および外注先ごとの買掛金管理は購買管理ソフトでおこなっているため、買掛金勘定に補助科目を設けていない。

　　購買管理ソフトから出力した5月分の材料購入額および外注加工費発生額は次のとおりである。

区分	集計期間	購入・発生額	消費税額	合計額
材料購入額	5/1～5/31	17,360,000	1,388,800	18,748,800
外注加工費発生額	5/1～5/31	6,050,000	484,000	6,534,000
合　計		23,410,000	1,872,800	25,282,800

5. 役員報酬・給料手当について

　　当社の給与計算期間は、毎月1日～月末であり、翌月15日にインターネットバンキングにより各従業員等の口座に振込んでいる。なお、毎月末に当月発生分の給料等を未払計上している。

　　●5月分の給与明細一覧表

摘　要	役員報酬	給　料	賃　金	合　計
役員報酬	800,000			800,000
基本給		550,000	1,465,000	2,015,000
諸手当		40,000	165,000	205,000
総支給額	800,000	590,000	1,630,000	3,020,000
健康保険料	39,381	29,910	52,479	121,770
介護保険料	6,794		3,143	9,937
厚生年金保険料	54,169	52,422	93,442	200,033
雇用保険料		2,950	14,810	17,760
所得税	50,830	13,090	62,100	134,020
住民税	32,000	32,000	56,000	120,000
控除額計	191,174	130,372	281,974	603,520
差引支給額	608,826	459,628	1,348,026	2,416,480

6. 法定福利費について

　　当社は、毎月末に当月分の健康保険料、介護保険料、厚生年金保険料の事業主負担額を未払計上している。事業主負担額は、役員及び従業員から預かる金額と同額とする。

7. その他の支払等について

その他の支払等については、次の普通預金通帳から判断して処理しなさい。なお、行頭に「＊」の付してある取引については、すでに入力済みである。

年 月 日	摘要	お支払金額	お預り金額	差引残高
		普通預金		
×-5-01	繰越			13,906,704
＊×-5-06	電話	186,521		13,720,183
＊×-5-10	振込		34,624,800	48,344,983
＊×-5-10	インターネット	28,390,400		19,954,583
＊×-5-10	手数料	5,400		19,949,183
×-5-10	税金等	129,510 ※1		19,819,673
×-5-10	税金等	120,000 ※2		19,699,673
×-5-15	口座振替	356,731 ※3		19,342,942
＊×-5-15	インターネット	2,351,540 ※4		16,991,402
＊×-5-20	税金等	564,800 ※5		16,426,602
＊×-5-21	電気	142,896		16,283,706
＊×-5-24	水道	61,867		16,221,839
＊×-5-25	ガス	43,152		16,178,687
×-5-31	税金等	663,480 ※6		15,515,207
×-5-31	税金等	1,894,800 ※7		13,620,407
×-5-31	税金等	3,564,700 ※8		10,055,707

※1：源泉所得税の納付額であり、4月中に支払った給与等（3月分給料等）から徴収したものである。

※2：住民税額の納付額であり、4月中に支払った給与等（3月分給料等）から徴収したものである。

※3：長期借入金の返済である。下記返済予定表を参照

借入金返済予定表

株式会社ベリドット電子工業様　　　　　　　　　　　　株式会社 ダイチ銀行

融資金額	20,000,000円	利率	2.70%	融資日	△/4/15
融資期間	5年	毎月返済額	356,731円		

返済日	返済額	元本	利息	合計
×/4/15	356,731円	318,822円	37,909円	356,731円
×/5/15	356,731円	320,753円	35,978円	356,731円

※4：4月分の役員報酬および給料の支払額である。

※5：労働保険料の支払である。金額は昨年度確定保険料と概算保険料の差額6,600円と当年度概算保険料558,200円の合計額である。昨年度の差額は、昨年度末に未払計上している。

※6：4月分の社会保険料の支払額である。（すでに入力済み3月分参照のこと）

※7：前期確定法人税等の納付額である。同額を前期末決算において未払法人税等勘定に計上している。

※8：前期確定消費税等の納付額である。同額を前期末決算において未払消費税勘定に計上している。

8. 月末在庫について

　材料は、在庫管理ソフトにより管理している。材料の5月末在庫金額の合計額は、8,103,490円である。

　また、製品および仕掛品の5月末在庫金額は、5月の原価計算表より求めること。

原価計算表（X/5/1 ～ X/5/31）

摘要	製品A	製品C	製品F	合計
直接材料費	13,354,209	2,003,131	1,335,421	16,692,761
外注加工費	3,146,000	2,323,200	580,800	6,050,000
直接費計	16,500,209	4,326,331	1,916,221	22,742,761
製造間接費	612,091	3,485,620	1,439,753	5,537,464
当期製造費用	17,112,300	7,811,951	3,355,974	28,280,225
前月繰越額	9,762,355	3,432,100	1,758,796	14,953,251
製造原価	26,874,655	11,244,051	5,114,770	43,233,476
備考	当月完成 出荷準備中	製作中	製作中	

設問 次の金額を答えなさい。

No.	問 題
1	売掛金の5月末残高
2	給料未払金の5月末残高
3	仮受消費税の5月末残高
4	長期借入金の5月末残高
5	5月の流動負債合計
6	5月末の材料仕入高
7	5月末の期首製品棚卸高
8	5月末の給料手当合計（販管費）
9	5月末の法定福利費合計（製造費用）
10	5月末の当期純利益

解答欄

No.1	円	No.2	円
No.3	円	No.4	円
No.5	円	No.6	円
No.7	円	No.8	円
No.9	円	No.10	円

株式会社B商事の次の資料にしたがって、下記の設問に答えなさい。

<資料>

実績資金繰り表

(単位：千円)

月　度			4月	5月	6月
前月現預金残高			900	1,322	1,242
経常収支	経常収入	現金売上	250	220	210
		売掛金回収	2,000	1,100	1,900
		手形回収	0	0	0
		受取利息	0	0	0
		その他の経常収入	7	5	6
		計	2,257	1,325	2,116
	経常支出	現金仕入	150	200	180
		買掛金支払	890	950	800
		支払手形決済	0	0	0
		人件費	420	440	1,000
		営業経費	500	180	170
		支払利息	5	5	13
		その他の経常支出	0	350	0
		計	1,965	2,125	2,163
	経常収支差額		292	▲800	▲47
その他の収支	その他の収入	借入金収入	0	800	0
		設備等売却収入	210	0	0
		その他	0	0	0
		計	210	800	0
	その他の支出	借入金返済	80	80	180
		設備等取得支出	0	0	220
		その他	0	0	0
		計	80	80	400
	その他の収支差額		130	720	▲400
当月収支差額			422	▲80	▲447
次月繰越現預金残高			1,322	1,242	795

<留意事項>

1. 4月に販売促進のために特約店に対して販売支援の支出があった。

2. 5月に350千円の税金の納付があった。

3. 5月にH銀行から800千円の追加借入れをおこなった。この借入金の返済は、利息を含めて6月から開始している。

4. 6月に賞与400千円の支給と備品220千円の購入があった。

5. 得意先Kの経営不振により、5月の売掛金回収額が予定を大きく下回っている。

No.	問題および語群
1	経常支出が他の月と比べて最も多い月は ① で、その原因は ② の増加によるものである。 **語群** ア．4月　　　イ．5月　　　ウ．6月　　　エ．人件費の支払 　　　　オ．営業経費の支払　カ．現金仕入　キ．税金の納付　ク．その他の支出
2	5月の借入金収入は、 ③ の減少と ④ による資金の減少をてん補したものである。 **語群** ア．手形の支払　イ．売掛金回収額　ウ．賞与の支払　エ．設備の購入 　　　　オ．人件費の増加　カ．営業費の増加　キ．税金の納付　ク．利息の支払
3	その他の収支差額が他の月と比べて最も多い月は ⑤ で、その原因は ⑥ があったからである。 **語群** ア．4月　　　イ．5月　　　ウ．6月　　　エ．借入金返済 　　　　オ．銀行借入　カ．設備の売却　キ．その他の収入　ク．設備の購入
4	6月の次月繰越現預金残高が他の月と比べて最も少なかった原因の一つは、 ⑦ があったからである。 **語群** ア．現金仕入の増加　イ．税金の納付　ウ．営業経費の増加　エ．現金売上げの減少 　　　　オ．利息の支払　カ．社員旅行　キ．買掛金の支払増加　ク．設備等取得支出
5	4月の収支差額が最も多かった理由は、営業経費支出の増加があったが、他の月には発生していない ⑧ によって資金収入の増加があったからである。 **語群** ア．借入金　　イ．買掛金仕入の減少　ウ．売掛金回収額　エ．借入金返済の繰延 　　　　オ．現金売上の増加　カ．現金仕入の減少　キ．人件費の減少　ク．設備の売却

設問 株式会社B商事の資金の状況を説明した下記の各文章の空欄に最も適当と思われる語句を語群から選んで記号で答えなさい。

解答欄

No.1	①	②	No.2	③	④	No.3	⑤	⑥
No.4	⑦		No.5	⑧				

3-1 A問題

◆解答

問題1	No.1	① イ	② カ	No.2	③ イ	④ キ	No.3	⑤ ウ	⑥ カ
	No.4	⑦ オ		No.5	⑧ イ		No.6	⑨ エ	

問題2	No.1	24,928,813 円	No.2	84,600 円
	No.3	2,459,946 円	No.4	9,412,961 円
	No.5	125,398,551 円	No.6	30,240,001 円
	No.7	14,468,200 円	No.8	2,991,000 円
	No.9	222,901 円	No.10	9,538,556 円

問題3	No.1	① ウ	② オ	No.2	③ ク	④ ウ	No.3	⑤ イ
	No.4	⑥ イ	⑦ エ	No.5	⑧ キ			

◆解説

問題1

No.1：在庫管理ソフトで商品の入庫、出庫処理をすることで常に在庫管理をおこなうことができます。販売管理ソフトと在庫管理ソフトが連動している場合は、販売管理ソフトで処理した販売・売上は、在庫管理ソフトでは自動的に出庫として処理されます。

No.2：期末の棚卸商品が期首と比較して増加している場合は、資金が減少する。また、期末の商品が増加することは、当然にして売上原価を減少させることになります。

No.3：外注した部品などは、経費として外注加工賃勘定などで処理します。製品ごとに集計できる場合は、製造直接費（直接経費）として処理します。外注加工の場合は、ライン外の加工部品が多く、投入する製品が特定されている場合が多いので製造直接費として処理されることが一般的です。

No.4：自己資本利益率と同義である株主資本利益率（ROE）とは、株主の持ち分である株主資本がどれだけ利益を上げているのかを示す指標。

株主資本利益率（ROE）＝ 当期純利益 ÷ 株主資本

No.5: 預金データを入力する場合のバウチャー(証拠となる証ひょう)には、振込依頼書の控えや預金通帳などがあります。振込通知書は、振込のお知らせであって入金の証拠にはなりません。また、残高証明書は、一定時点の預金残高を証明するものが一般的です。

No.6: 製造原価報告書に記載されている「当期製品製造原価」とは、完成品の製造原価を意味しています。つまり、仕掛品(製造)勘定から製品勘定へ振り返られる金額です。当期製品製造原価に期首(月初)製品原価を加算し、期末(月末)製品原価を差し引くことで当期に販売された製品の売上原価を算定することができます。また、選択肢にある総製造費用とは、当期に発生した材料費、労務費、経費の合計金額を意味します。

問題2

<解答手順について>

まず、資料から会社の会計処理方法を予想した上で、試算表を用いて全体像を確認します。次に、資料にもとづいて、順次追加入力を進めます。追加入力にあたっては、入力済みデータと会計処理の方法を同じにする必要があります。各種集計表や元帳を使って、確認しながら入力をおこないましょう。電子会計では、仕訳や伝票の複写機能があります。入力済みデータを活用できる場合は、この複写機能を利用しましょう。会計処理方法の確認、仕訳の複写の利用上、集計表や元帳を的確に表示する必要があります。取引内容に応じて、的確に対応できるよう練習しておきましょう。

1.前提条件の確認	・問題文から会社の会計処理方法の予想 　税抜経理 　製造原価科目を使用 　科目設定に変更を加えない 　売掛金、買掛金に補助科目設定はない 　取引の一部は、入力済み
2.試算表の確認	・全体像および使用科目の確認
3.補助科目内訳表の確認	・補助科目構成、残高や動きの確認 　普通預金、未払金、預り金
4.追加入力	・入力済みデータから会計処理方法の確認 ・集計表や元帳の的確な切り替え ・複写機能の利用
5.入力後の確認	・補助科目内訳表から科目別残高・動きの確認 ・試算表から科目別残高・動きの確認

<入力手順について>

【1】残高試算表を表示・確認後、【2】追加入力対象の科目行をダブルクリックで元帳を表示、【3】複写対象となる入力済み取引をダブルクリック、【4】複写機能を利用して、仕訳を作成・登録します。【5】「再集計【F8】」にて入力内容を確認後、【6】元帳を閉じ、残高試算表に戻ります。この手順を繰り返します。

なお、勘定科目に補助科目の設定がある場合は、勘定科目行から補助科目内訳表を経由し、元帳を表示します。

①全体像の確認	残高試算表 − 4月〜5月で集計表示
②売上高	P/L・「売上高」勘定をダブルクリック、4月分データを複写、修正登録
③仕入高、外注加工費	B/S・「買掛金」勘定をダブルクリック、4月分データを複写、修正登録
④役員報酬・給料手当	B/S・「未払金」勘定から「補助科目内訳表」を経由し、「給料」を表示、入力内容を確認後、4月分データを複写、修正登録
⑤法定福利費	④で開いた「補助科目内訳表」から「社会保険料」勘定をダブルクリック、4月分データを複写後、修正登録
⑥普通預金　※1,2,5,6	B/S・「普通預金」勘定から「補助科目内訳表」を経由し、「ヤマト銀行」元帳を表示、4月の入力内容を確認しながら、複写機能にて取引を入力
⑦普通預金　※7,8	仕訳処理にて、振替伝票を作成
⑧月末棚卸処理	B/S・「製品」「仕掛品」「原材料」勘定から4月分データを複写、修正登録

※B/S:貸借対照表、P/L:損益計算書、C/R:製造原価報告書

＜設問に対する解答方法＞

設問	解答方法
設問1・3・4・5・6・7・8・9・10	残高試算表（税抜）をチェック
設問2	補助科目内訳表をチェック

問題3

株式会社A商事の4月〜6月の資金繰り表で、注意する事項は下記の通りです。
・6月の売掛金の回収金額は、他の月と比べて少ないこと。
・5月の現金仕入は、他の月と比べて少ないこと。
・6月の人件費の金額は、他の月と比べて多いこと。
・5月の営業経費は、他の月と比べて多いこと。
・5月のその他の経常支出は、他の月で発生していないものであること。
・6月に借入金収入があること。
・6月に借入金の返済が増額していること。
・6月に設備等取得支出があること。
・経常収支差額が6月にマイナスになっていること。
・その他の収支差額が5月、6月でマイナスになっており、特に6月はマイナスが多額になっている。
・当月収支差額は、6月にマイナスになっていること。

以上の状態と問題に明記されている留意事項をもとに設問を検討すれば、次の通りです。
No.1：6月の売掛金の回収金額の減少は、経常収入を減らした原因であり、6月の当月収支差額のマイナス要因のひとつになっている。
No.2：選択肢の中で、経常収支に関係するものを検討すると「人件費の増加」という選択しかないことがわかります。
No.3：5月のその他の収支は、借入金の返済だけであることが実績資金繰り表から読み取れます。
No.4：留意事項の2で5月に400千円の税金納付が明記されています。また、留意事項の1でイベント開催に伴う支出が明記されており、これは営業経費に計上されていることが読み取れる。
No.5：6月のその他の収支では、借入金返済の増額と設備等の取得支出が読み取れます。選択肢には、「備品の購入」しか該当するものがありません。

模擬問題

◆解答

問題1

No.1	① イ	② カ	No.2	③ ク	④ ウ	No.3	⑤ ア	⑥ カ
No.4	⑦ キ		No.5	⑧ ア		No.6	⑨ エ	

問題2

No.1	31,060,800 円	No.2	3,020,000 円
No.3	5,971,418 円	No.4	15,891,974 円
No.5	36,393,685 円	No.6	34,717,092 円
No.7	26,874,655 円	No.8	1,180,000 円
No.9	334,813 円	No.10	1,032,711 円

問題3

No.1	① ウ	② エ	No.2	③ イ	④ キ	No.3	⑤ イ	⑥ オ
No.4	⑦ ク		No.5	⑧ ク				

◆解説

問題1

No.1：製造マージンとは、変動費のうち製造費を売上高から差し引いた利益を意味します。売上高から変動費の全額を差し引いているので、貢献利益であることがわかります。また、変動費には、販売費、管理費の属する変動費も含まれていますが、変動売上原価は売上高に直接的、個別的に対応する原価に限定されます。

No.2：期間で損益を比較する損益計算では、固定資産を購入したときに一時資産として計上し、その後、減価償却という手続きにしたがって毎期に費用化していきます。取得時は資産に計上するため、その期の利益計算に影響しません。また、減価償却費は、非資金費用と呼ばれ、現金支出を伴う費用ではありません。つまり、減価償却費は、当期の損益計算に費用として計上されますが、資金計算では影響しません。

No.3：貸借貸借表・純資産の部に関する問題である。損益計算書と同様に区分表示の内容を理解しましょう。

No.4：付加価値とは、企業が新たに生み出した価値であり、その計算方法には、代表的なものとして控除法と加算法があります。テキストP100～P101参照。

No.5：仕入や経費の支払いサイトが短くなったということは、それだけ早くに資金が流出していくことを意味しています。つまり、資金状況は、悪化することになります。

No.6：実際の棚卸資産の管理現場では、減耗損や消失等が生じているため、実在の数量と帳簿上の数量を定期的に一致調整する必要があります。この実在の数量を計ることを棚卸といいます。

問題2

<解答手順><入力手順><解答方法>は、A問題の解説を参照。

<仕訳解答例>……後述《3-3》

問題3

株式会社B商事の4月〜6月の資金繰り表で、注意する事項は下記の通りです。

・5月の売掛金の回収金額は、他の月と比べて少ないこと。

・6月の人件費の金額は、他の月と比べて多いこと。

・4月の営業経費は、他の月と比べて多いこと。

・5月のその他の経常支出は、他の月で発生していないものであること。

・5月に借入金収入があること。

・4月に設備等売却収入があること。

・6月に借入金の返済が増額していること。

・6月に設備等取得支出があること。

・経常収支差額が5月、6月にマイナスになっていること。

・経常収支差額のマイナスは、5月がもっとも多いこと。

・その他の収支差額が6月にマイナスになっていること。

・当月収支差額は、5月、6月にマイナスになっていること。特に、6月が多額になっていること。

以上の状態と問題に明記されている留意事項をもとに設問を検討すれば、次の通りです。

No.1：経常支出に関係するものを検討すると「人件費の増加」という選択しかないことがわかります。

No.2：経常収支差額の800千円のマイナスは、売掛金の回収金額の減少と留意事項2にある税金の納付が原因で、借入金でてん補している。

No.3：留意事項3にあるように5月に借入金をしている。

No.4：選択肢を検討するとその他の支出である設備等取得支出があてはまる。それ以外は、他の月と比べて特に資金の変化は認められない。

No.5：売掛金の回収額は6月とほぼ同額です。設備等売却収入によって経常収支差額の292千円と合算して当月収支差額が422千円となりました。

模擬問題

■A問題 問題2

No.	伝票日付	借方科目	借方金額	貸方科目	貸方金額	摘　要
①	5.31	135　売掛金	15,984,000	500　売上高	15,984,000	5月分製品販売高
②	5.31	630　原材料仕入高	6,696,000	305　買掛金	10,800,000	5月分材料購入額
		680　外注加工費	4,104,000			5月分外注加工代
③	5.31	720　役員報酬	500,000			5月分役員報酬
		721　給与手当	250,000			5月分給料手当　工員以外分
		641　賃金	1,500,000			5月分給料手当　工員分
				315/1　未払金/給料	2,250,000	5月分役員報酬・給料
④	5.31	730　法定福利費	108,587	315/2　未払金/社会保険料	264,863	5月分社会保険料
		647　法定福利費	156,276			5月分社会保険料
⑤	5.10	345/5　預り金/所得税	83,220	111/1　普通預金/ヤマト銀行	83,220	源泉所得税納付
⑥	5.10	345/6　預り金/住民税	68,200	111/1　普通預金/ヤマト銀行	68,200	預り住民税納付
⑦	5.25	370　長期借入金	74,133	111/1　普通預金/ヤマト銀行	95,186	長期借入金返済
		830　支払利息	21,053			借入金利息
⑧	5.31	315/2　未払金/社会保険料	264,863	111/1　普通預金/ヤマト銀行	529,726	社会保険料振替
		345/1　預り金/健康保険料	92,660		0	社会保険料振替
		345/2　預り金/介護保険料	5,500		0	社会保険料振替
		345/3　預り金/厚生年金保険料	166,703		0	社会保険料振替
⑨	5.31	320　未払法人税等	1,265,000	111/1　普通預金/ヤマト銀行	1,265,000	前期確定法人税等　納付
⑩	5.31	331　未払消費税	2,235,700	111/1　普通預金/ヤマト銀行	2,235,700	前期確定消費税　納付
⑪	5.31	635　期末材料棚卸高	4,289,000	162　原材料	4,289,000	前月末材料棚卸高
		162　原材料	1,107,750	635　期末材料棚卸高	1,107,750	月末材料棚卸高
		692　期末仕掛品棚卸高	13,705,020	161　仕掛品	13,705,020	前月末仕掛品棚卸高
		161　仕掛品	19,657,550	692　期末仕掛品棚卸高	19,657,550	月末仕掛品棚卸高
		614　期末製品棚卸高	16,371,875	160　製品	16,371,875	前月末商品棚卸高
		160　製品	17,954,532	614　期末製品棚卸高	17,954,532	月末商品棚卸高

■B問題 問題2

No.	伝票日付	借方科目	借方金額	貸方科目	貸方金額	摘　要
①	5.31	135　売掛金	31,060,800	500　売上高	31,060,800	5月分製品販売高
②	5.31	630　原材料仕入高	18,748,800	310　買掛金	25,282,800	5月分材料購入額
		680　外注加工費	6,534,000			5月分外注加工代
③	5.31	720　役員報酬	800,000		0	5月分役員報酬
		721　給料手当	590,000		0	5月分給料手当　工員以外分
		641　賃金	1,630,000		0	5月分給料手当　工員分
			0	315/1　未払金/給料	3,020,000	5月分役員報酬・給料
④	5.31	730　法定福利費	182,676	315/2　未払金/社会保険料	331,740	5月分社会保険料
		647　法定福利費	149,064			5月分社会保険料
⑤	5.10	345/5　預り金/所得税	129,510	111/1　普通預金/ダイチ銀行	129,510	源泉所得税納付
⑥	5.10	345/6　預り金/住民税	120,000	111/1　普通預金/ダイチ銀行	120,000	預り住民税納付
⑦	5.15	370　長期借入金	320,753	111/1　普通預金/ダイチ銀行	356,731	長期借入金返済
		830　支払利息	35,978			借入金利息
⑧	5.31	315/2　未払金/社会保険料	331,740	111/1　普通預金/ダイチ銀行	663,480	社会保険料振替
		345/1　預り金/健康保険料	121,770		0	社会保険料振替
		345/2　預り金/介護保険料	9,937		0	社会保険料振替
		345/3　預り金/厚生年金保険料	200,033		0	社会保険料振替
⑨	5.31	345　未払法人税等	1,894,800	111/1　普通預金/ダイチ銀行	1,894,800	前期確定法人税等　納付
⑩	5.31	337　未払消費税	3,564,700	111/1　普通預金/ダイチ銀行	3,564,700	前期確定消費税　納付
⑪	5.31	635　期末材料棚卸高	7,436,251	162　原材料	7,436,251	前月末材料棚卸高
		162　原材料	8,103,490	635　期末材料棚卸高	8,103,490	月末材料棚卸高
		692　期末仕掛品棚卸高	14,953,251	161　仕掛品	14,953,251	前月末仕掛品棚卸高
		161　仕掛品	16,358,821	692　期末仕掛品棚卸高	16,358,821	月末仕掛品棚卸高
		614　期末製品棚卸高	27,632,845	160　製品	27,632,845	前月末製品棚卸高
		160　製品	26,874,655	614　期末製品棚卸高	26,874,655	月末製品棚卸高

● 本テキストで使用するデータについて

　本テキストの学習および模擬問題では、学習用データを使用します。学習用データは、株式会社オービックビジネスコンサルタントのホームページからダウンロードして使用します。

※画面は、2019年12月現在のものです

◆OBCホームページ　https://www.obc.co.jp/obcisp/kyozai/

① 右記ご利用手順に従ってダウンロードしてください。
　なお、ダウンロードファイルは、zipファイルとなっております。

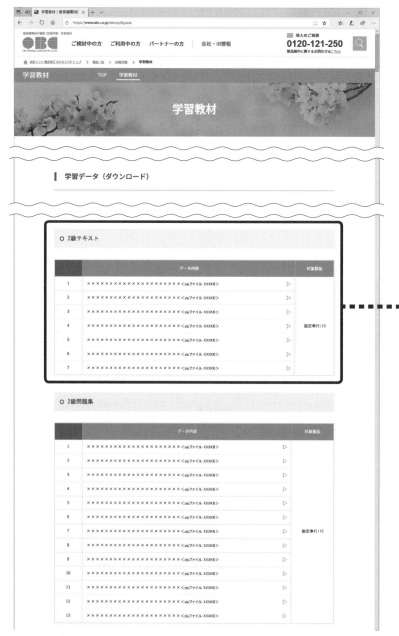

■ご利用手順

①以下の表より必要なデータ内容をクリックします。

＜2級テキスト＞

No.	データ内容	対象製品
1	一括バックアップ	勘定奉行 i10
2	第2章-学習用データ	
3	第3-5章-学習用データ	
4	第2章-解答	
5	模擬問題A	
6	模擬問題B	
7	模擬問題A-解答	
8	模擬問題B-解答	

②ダイアログボックスの指示に従ってzipファイルを任意の場所にダウンロードしてください。

③ダウンロードしたファイルをダブルクリックするとファイルが解凍され、勘定奉行のデータを含むフォルダが作成されます。

④当テキストに従って、データファイルをご利用ください。

⑤復元方法の手順は、テキスト18ページを参照してください。

― 禁無断転載 ―

日商 電子会計実務検定試験
対策テキスト 2級
Windows 10 対応

平成18年 11月30日 初版第1刷発行
令和 2年 3月10日 六版第1刷発行

■発行所　　株式会社 オービックビジネスコンサルタント

OB新学期事務局

〒163-6032　東京都新宿区西新宿6-8-1　住友不動産新宿オークタワー

TEL.03-3342-2588　FAX.03-3342-1905

http://www.obc.co.jp

■発　売　　実教出版株式会社

〒102-8377　東京都千代田区五番町5

TEL.03-3238-7777